JN439283

그림보다 의미 있는 이야기

湖心 서상옥 두 번째 수필집

그림보다 의미 있는 이야기

신아출판사

황혼에 깃든 노을빛을 그리며

황혼이 깃들면 노을빛에 가슴이 울렁였습니다. 방황하던 생의 뒤안길에서 그리움에 몸부림쳤습니다. 흐르는 세월의 이야기를 가슴에 담아 가까스로 붓대를 가누어 봅니다. 언제나 붓끝이 떨렸습니다. 버거운 인생의 발길이었습니다. 사랑이라는 말도 연민이었고 그리움도 먼 산울림이었으며 미움도 애처롭게 묻혀가는 것 같았습니다. 이제금 빛바랜 추억을 되살리면서 숨겨둔 앨범을 펼쳐봅니다. 퇴색해 가는 일기장과 사랑의 편린들을 매만져 봅니다. 그저 고왔던 삶인 양 미소지으며 속절없었던 지난날들을 글밭에 옮겨봅니다.

잡초에도 꽃이 피고 향기가 있음을 알았습니다. 천둥이 울리지 않아도 뽀얀 안개가 물빛으로 젖어드는 것을 보았습니다. 캄캄한 밤하늘에 별이 빛나는 것도 새삼 보았습니다. 푸른 산빛을 그려보고 맑은 시냇물과 아름다운 새소리도 듣고 싶었습니다. 때로는 어두운 그늘 속에서 발버둥치는 생의 통곡소리도 들어봅니다. 올곧은 소리로 외치고 하늘에 고발하고 싶은 감정을 억

제하기에 힘이 겨웠습니다. 지금은 그 인고의 아픔을 통해서 자신을 되돌아봅니다. 이제 지난날의 고독과 함께한 저의 외로운 넋두리가 독자에게 행여나 누가 되지 않을까 싶어 두렵기도 합니다.

석양 낙조에 황혼이 깃들면 화사했던 사랑초가 조용히 꽃잎을 접고 나와 함께 꿈길에 잠겨듭니다. 그리고 새날이 밝아오기를 기도하는 가슴에 고운 글밭을 정성껏 가꾸어 보려고 합니다. 아직도 노욕을 버리지 못하는 저의 군소리라 하겠습니다. 오랜 날 아낌없이 지도해 주신 김학 교수님과 그동안 용기를 주시고 정을 함께한 문우님들과 신아출판사 서정환 사장님께 진심으로 감사드립니다.

2011년 3월 새움 돋는 날

E-편한세상에서

湖心 서상옥

■ 차례

제 2 부
은사님께 올린 큰절

제 3 부
전주에는 얼굴 없는 천사가 있다

제 4 부
봄은 안개 속에 피어나는가 보다

제 5 부
삶의 의미를 찾아가는 문학의 힘

제 6 부
폼페이는 아직도 숨쉬고 있다

제1부
어머니의 사랑과 그리움

어머니의 사랑과 그리움

눈보라 치는 영국의 사우스웨일즈라는 폭풍의 언덕에서 한 여인이 얼어 죽었다. 남편이 없는 그녀는 갓난아이를 업고 가다 휘몰아치는 눈보라 속에서 길을 잃고 헤매다 그만 얼어 죽고 말았던 것이다. 눈이 그친 다음 사람들은 앉아서 죽은 여인을 발견했다. 놀랍게도 그 여자는 알몸으로 죽어 있었다. 여인은 안고 있는 아이를 살리려고 자기가 입고 있던 옷을 다 벗어 아이를 감쌌던 것이다. 어머니는 죽었지만 아이는 기적적으로 살아 어느 착한 사람이 데려다 키웠는데 그 아이가 커서 1916년 영국의 수상이 되었다. 바로 ≪제1차 세계대전 회상록≫을 남긴 데이비드 로이드 조지라는 수상이다.

그는 어렸을 때부터 어머니의 이야기를 들으면서 자랐다. '어머니는 나대신 알몸으로 얼어 죽었다.' 그 뜨거운 사랑에 감격하고 한평생 부모 없이 자랐으나 그는 영국의 위대한 지도자가 되었다. 한 사람이 죽어서 여러 사람을 살리고 많은 열매를 맺는 이 이야기는 진한 감동의 실화다.

이 세상에는 어머니의 사랑보다 더 귀한 사랑은 없다. 자신의 목숨까지 다 주면서 자식을 사랑하는 어머니의 사랑은 우리 모두가 그리워하는 영원함이다. 학창 시절에 보았던 일본을 향해 쓴 〈목근통신木槿通信〉에 실려 있던 김소운의 글 한 토막이 생각난다. "나의 어머니는 레푸라일는지 모른다. 그러나 저 이집트의 여왕이었던 클레오파트라와는 결단코 바꾸지 않겠다."는 내용이었다. 망국의 설움을 달래며 조국애와 어머니를 생각하게 하는 대목이었다.

사랑도 가지가지다. 이 세상 만민의 죄를 대속하기 위해 십자가를 지신 예수 그리스도의 아가페적인 사랑이 있는가 하면 동물처럼 본능적인 사랑도 있다. 또한 청춘의 가슴을 불태우는 남녀 간의 사랑도 있고 자식을 사랑하는 희생적인 어머니의 사랑이 있다. 세상에서 가장 오래가는 향기는 어머니의 사랑이라 했다.

어느 화사한 봄날 하늘에 있는 천사가 이 세상에 내려오게 되었다. 아름다운 자연과 예술을 감상하고 해 질 무렵이 되자 금빛 날개를 가다듬고 '나는 밝은 빛의 세계로 가야 한다.'면서 하늘로 가지고 올라갈 선물을 챙겼다. 향기가 짙은 꽃다발을 준비하고 시골집 대문 안에서 방실대는 어린아이 미소도 챙겼다. 마지막으로 정자나무 밑에서 정성을 다하여 젖을 주는 어머니의 모습을 가지고 하늘로 올라갔다. 다른 천사들이 지켜보는 가운데 선물 꾸러미를 열어 보았다. 그런데 그토록 향기로웠던 꽃은 시들어 버리고 예쁜 아기 미소도 어디론지 사라졌다. 남은 것은 오직 젖을 먹이는 어머니의 사랑뿐이었다는 이야기가 아직도 내 기억에 남아 있다.

또 어느 동화 한 토막이 생각난다. 마을 뒷산에 산불이 났을 때 사람들이 총동원되어 진화에 나섰다. 그런데 불타 죽은 어미 닭의 품속에서 병아리들이 고스란히 살아 있었다는 것이다. 금수의 세계에서도 어미의 헌신적인 사랑이 존재함을 보고 깊은 감동을 받은 바 있다.

탕자를 성자로 바꾸어 놓은 어거스틴의 어머니, 모니카의 정성 어린 기도가 가슴에 와 닿는다. 아들의 교육환경을 위해 세 번이나 이사를 했다는 맹모삼천지교孟母三遷之教도 교훈이 된다. 우리나라 조선시대에 현모양처로 빛난 얼을 남긴 율곡 선생의 어머니 사임당 신씨와 같은 훌륭한 어머니 상을 잊을 수 없다.

농촌에서 흙과 더불어 살면서 우리의 교육에 헌신하신 어머니를 생각해 본다. 가뭄으로 쩍쩍 갈라진 논의 물꼬를 지키느라 밤을 지새우던 고달픈 모습, 제대로 먹지도 입지도 못하셨던 어머니, 자녀들의 학비를 마련하고자 새벽잠을 설친 채 텃밭에서 거둔 푸성귀를 싸 들고 걸어서 시장엘 다녀오시던 어머니의 지친 얼굴이 가슴을 아리게 한다.

인류 역사는 어머니의 산물이다. 영원한 어머니의 사랑으로 창조되어가는 것이라고 믿어진다. 모든 어머니의 사랑과 희생이 이 세상을 아름답게 만들어가고 있는 게 아닐까? 사랑은 어머니의 자화상이요, 영혼이다.

가난과 굶주림에 허리띠를 졸라매고 자식 잘 되라고 조왕신께 비손하는 어머니의 뒷모습이 아직도 가슴에 남아 있다. 우리 어머니들은 모두가 그렇게 고통의 열매를 먹고 희생적으로 사셨다.

용광로처럼 타오르는 어머니의 사랑은 자녀들의 영혼을 아름답게 가꾸어준다. 그 영원한 사랑은 우리의 가슴을 따뜻하게 해 준다. 마음에 풍요를 주고 고요한 평화를 준다. 어머니의 사랑은 멋을 줄 모르는 영원한 그리움이다.

나는 오늘 어머니의 추도일을 맞아 어머니의 영원한 사랑을 그리워하며 하염없이 눈물을 떨군다.

(2010. 1. 30. 어머님 추도일에)

꽃버선과 할머니의 눈물

맑게 흐르는 전주천을 따라 가련교 밑으로 백로와 오리 떼들이 한가로이 노닐고 황방산자락 고사평으로 삼천이 흐르는 삼각지 언저리에 e-편한세상 아파트가 세워진 지 만 2년이 되어간다. 300년 묵은 느티나무를 비롯해서 노송과 다양한 수목들로 아름답게 꾸며진 참으로 살기 좋은 아파트다.

이 아파트 관리사무실 1층에는 깔끔하고 아담하게 자리잡은 노인들을 위한 사랑의 쉼터가 있다. 어른을 존경하는 주민들의 정성과 서신동 자치센터의 지원으로 운영되고 있다. 생활에 필요한 각종 집기와 문화시설로 텔레비전은 물론 노래방기기까지 설치되어 있으며 덕진노인복지회관 후원으로 장구와 북까지 마련되어 있다. 덩덩 덩더쿵 장구소리에 맞춰 부르는 흥겨운 노랫소리는 냇물 따라 여울목 섶다리까지 퍼진다.

우리나라에는 신정과 구정이 있어 재미있는 나라다. 신정을 기해서는 여기저기 봉사 단체에서 많은 후원이 있었는데 이번 구정에도 부녀회와 주변 교회에서 노인들을 위해 따뜻한 온정을 베풀어 주어 정말 감사했다.

우리 경로당에서는 구정 명절을 지나고 지난 1월 31일 토요일에 신년하례식이 있었다. 그때 우리 아파트에 살다가 아들 따라 이사갔던 노인 한 분이 찾아왔다. 옛정이 그리워 찾아왔노라 했다. 유명한 ○○해물탕 사장의 어머니이시다. 부담스런 몸매에 애교가 넘치는 할머니다. 아들이 경영하는 음식점에서 수시로 반찬을 가져와 노인들의 입맛을 돋우어 주었다.

경로당 회장인 나보다 생일이 다소 늦지만 당신보다 젊게 보인다고 해서 나를 동생이라 칭한다. 그 넘치는 정다움이 가슴에 젖는다.

우리 경로당에는 94세 된 할머니 한 분이 계신다. 28세에 청상과부가 되어 두 아들을 키우고 살다가 그 아들마저 먼저 보내고 우리 아파트 동대표로 봉사하는 손자와 함께 살고 있다. 젊은 손자가 맞벌이 부부로 모두 직장에 나가기 때문에 아침나절부터 경로당을 지킨다. 나이가 연만하셔서 허리가 굽어 오래 걷지를 못한다. 그러나 아직도 얼굴이 고울 뿐 아니라 눈이 밝고 기억력이 아주 좋다. 화투놀이도 즐기고 흘러간 옛 노래를 잊지 않고 다 따라 하실 정도다. 정말 놀라운 기억력을 갖고 계신다. 조용한 말씨에 다정한 미소로 반겨주시니 언제나 감사할 따름이다.

다른 노인들은 할머니라 부르지만 나는 어머니라고 부른다. 10년 전에 소천하신 나의 어머님과 동갑이시기에 항상 그렇게 부른다.

이날은 할머니 날이기도 한 것 같다. 명절 때 인사를 못해 죄송하다면서 ○○해물탕 아주머니가 그 할머니에게 꽃버선을 신겨 드렸다. 모두가 뜨거운 박수를 보냈다. 나는 처음 보는 그 어머니 버선발을 주물러드렸다. 미끄러질까 봐 발바닥 밑에는 오돌토돌한 알맹이들이 붙어 있었다. 어느 사이에 할머니 눈에는 이슬이 맺혀 있었다.

나는 갑자기 돌아가신 어머님 생각에 울컥했다. 생전에 고운 옷 한 벌 입지 않으시던 어머님, 설날 아침이 되면 겨우 하얀 외씨버선을 신고 절을 받으시며 세뱃돈을 나누어 주시던 어머님께 고운꽃버선을 사드리고 싶어서였다. 요즈음에 새로 나온 버선, 아름다운 무늬로 곱게 수놓은 그 꽃버선을 신겨 드리고 싶다.

한없이 그리운 어머님 발목에…….

조롱박

하얀 달빛이 쏟아지는 밤이면 옛날이 그립다.

시골집 헛간채 낡은 지붕 위에 덩실하게 떠 있는 박 한 덩이, 달빛 받아 내내 흰 꽃이 피고지고 수없는 밤을 지새우더니 마침내 소망의 달덩이 하나가 태어났다. 허리 굽은 할머니가 보듬어 안채로 모셔와 정성을 쏟아 속을 비우면 요지가지로 쓰이는 됫박이 된다. 속을 싹 비워야 제구실을 하는 조롱박이다.

나는 어린 시절에 삶은 박 속을 한쪽이 닳아빠진 숟가락으로 박박 긁어서 간장에 버무려 간식처럼 먹은 기억이 있다. 농촌에서 재배한 과채류는 하나도 버릴 것이 없다.

우리 집 쌀뒤주에는 지금도 대를 이어오는 조롱박이 있다. 문화유산도 아니요, 진품명품에 자랑할 만한 가치가 있는 것도 아닌 낡은 조롱박이다. 깨진 조각을 꿰매고 삼베로 재벌 발라서 참으로 미운 얼굴이다. 더덕더덕 기워 얽은 생김새가 때 묻은 옛날을 회상케 한다. 조모님께서 아껴 오던 재산목록 1호다. 또 어머니께서도 사용하시던 바가지, 그 며느리 역시 누가 말한 바 없지마는 소중하게 간직해 온 우리 집만의 가보다. 끼니때마다 쓰이는 생활도구다. 천박스러움보다 알뜰한 정이 묻어나는 보물, 한 끼 한 됫박 먹을 양식을 헤아릴 때마다 쓰이는 세간이다. 언제나 할머니 손길과 어머니의 숨결이 담겨 있는 쌀뒤주를 홀로 지키고 있다.

해마다 가을이 기울어 찬 무서리가 내릴 때면 으레 골 잡힌 지붕을 이불삼아 편안하게 누워 있는 달덩이 같은 박을 만난다. 처연한 바람결에 홀로 외로움을 달래는 박을 볼 때마다 가을의 처량함을 느낀다. 회오리처럼 몰려오는 그리움에 사무친다. 선산에 고이 잠드신 선영들의 얼이 되살아나는 듯하다. 황토밭을 갈아 우리를 사랑 탑으로 고여 주시던 할머니와 어머니의 정성이 하얀 박 속에 순수한 애정으로 숨어 있었던 것이 아닌가? 고난과 역경으로 굳어진 암종 같은 씨알들을 모조리 꺼내버린 텅 비어버린 가슴인 양…….

지난해 늦가을이었다. 어린 시절의 추억에 끌려 야트막한 산비탈에 아담하게 자리한 내 태생지를 찾았다. 아직도 당산을 지키고 있는 팽나무가 나를 반겨주었다. 제기 차고 팽이 치며 구슬 따먹기 하던 골목길이 자가용이 드나들 수 있도록 포장되어 있었다. 메깥이라 불렀던 앞산도 나무 한 그루 없이 개간되어 있었다. 마을 한가운데 내가 살던 샘골 집을 가만히 들여다보았다. 쓰레기를 모아 분뇨를 섞어 재우던 두엄자리도 없다. 억새 울을 타고 오르던 호박꽃도 찾아볼 수 없다. 옛날 두레박으로 물을 퍼 올리던 우물터로 발을 옮겼다. 바로 옆집 계집아이와 소꿉놀이하던 기억이 솟는다. 그리운 얼굴들이 아련하게 떠오른다. 허허로운 가슴에 눈시울이 젖는다. 새우골 토담집도 찾아볼 수 없다. 엿판을 나르던 문쇠와 만복이, 말썽꾸러기 왕석이도 저 세상으로 가 버렸다고 한다.

해마다 새로 이엉을 올리던 초가지붕은 동양화 한 폭으로 사라져 가고 현대판 도시로 변해버렸다. 세월의 무상함을 새삼 느낀다. 여름밤 앞산 넘어 수박 서리하던 기억이 생생하다. 뒷밭에서 입술이 까맣도록 콩을 구워 먹던 추억들도 주마등처럼 떠오른다. 어쩌다 소나기가 내리면 낡은 삿갓을 쓰고 나가 모래성을 쌓아 놓고 호박 잎과 고동으로 물을 품어 넘기던 날들이 새삼스러워진다. 겨울이 오면 좁다란 미나리꽝에서 얼음지치기 하던 날도, 꽁꽁 얼어붙은 손발을 녹이려고 부엌 아궁이를 허비던 날들도 실타래처럼 풀어져 나온다. 횃불을 들고 처마 밑을 뒤져 참새 알을 훔쳐다가 잿불에 구워 먹던 일도 생각난다.

콩밭 매던 어머니 치맛자락에 매달려 잡초를 뽑던 시절도 그립다. 구멍난 양말을 꿰매 주시던 어머니, 베틀에 앉아 털커덕 털커덕 삼베를 짜시던 어머니, 오로지 아들딸 잘 되라고 정화수를 떠 놓고 두 손 모아 기도하던 모습이 선하게 그려진다. 새벽잠을 설친 채 통학열차 시간에 맞추어 솥뚜껑을 여닫던 소리가 지금도 내 귓전에 머물러 있다.

소달구지를 몰고 들녘을 가르던 아버님은 50대에 영영 멀리 가셨지만 현재 내 모습보다 더 노쇠한 영상으로 애처롭게 떠오른다. 농사철이 되면 들밥을 얻어먹으려고 토막난 숟가락을 들고 아버지를 따라가던 때가 종종 있었다.

나의 살던 고향은 꽃피는 산골
복숭아꽃 살구꽃 아기 진달래
울긋불긋 꽃 대궐 차리인 동네
그 속에서 놀던 때가 그립습니다.

콧노래가 절로 나온다. 나이가 들면 추억에 산다는 말이 실감난다. 아직도 생생하게 떠오르는 아득한 옛날의 추억들을 영상으로 되살려보는 내가 아닌가? 언제나 고향을 감도는 가슴이 있다. 할매의 정이, 엄마의 품이 마냥 그리운 고향마을! 하얀 두루미가 날개를 접고 찾아들었다는 학동鶴洞마을, 내 키가 자라 마음이 열리고 청춘과 함께 온 인생의 꽃이 피고 지던 날이 황혼길에 달빛 되어 박꽃처럼 밝아온다.

지금 1세기를 넘나드는 세월 동안 조롱박이 쌀독에서 조용히 잠자고 있다.

한恨 많은 세월을 안고 그 많은 추억을 꿈꾸고 있는 성싶다. 법정法頂 스님의 ≪산방 한담≫에 진공묘유眞空妙有에 대한 해설이 가슴에 와 닿는다. 텅 빈 속에 무한한 잠재력이 있다. 어디에도 얽매이지 않고 아무런 거리낌이 없을 때 우리의 마음이 풍성해지고 눈이 밝아지는 동시에 우리를 창조의 세계로 이끌어간다는 말이다.

그렇다. 모든 것을 비워야 한다는 인생철학을 깨닫게 된다. 그래야만이 새로운 것이 채워진다는 이치다. 세사의 모순과 갈등, 진실과 허실의 변두리에서 방황하는 자신을, 욕망의 씨로 가득 채워진 내 가슴을 깨끗이 비워야 하지 않을까? 마치 새 술은 새 부대에 담아야 한다는 말처럼 우리 삶의 텅 빈 조롱박에 알뜰한 꿈을 새긴 하얀 쌀알을 가득 채워야 하지 않을까?

공수래공수거空手來空手去라. 빈손으로 왔다가 빈손으로 가는 인생, 이제 노년의 헛된 욕망을 버리고 박꽃처럼 하얀 마음, 그 텅 빈 조롱박에 아름다운 추억만을 함빡 담아 보리라.

(2009. 만추에)

현대판 효자

처자를 자랑하면 팔불출일까? 노년들 대부분 화제의 중심은 자녀들 자랑이다. 하다못해 가까운 친척이나 사돈까지도 포함된다. 특히 나이 든 할머니들은 손자들 자랑에 열을 올린다. 그러기에 손자 자랑하려면 한턱 쏘라는 말까지 유행하고 있다. 하기야 고슴도치도 제 새끼는 예쁘다고 하지 않던가?

전북대학교 평생교육원 수필창작 교실에서는 김학 교수님의 강의가 흥미롭게 이뤄지고 있다. "칭찬할 줄 아는 사람이 아름다운 사회를 만든다."는 슬로건 아래 매 시간마다 칭찬거리를 준비해 오라고 한다. 칭찬하는 마음은 항상 맑고 깨끗하여 좋은 글을 쓸 수 있다는 지론일 게다. 가정에서부터 이웃과 사회 모든 기관단체, 또는 산야나 천변에서 접하는 사사로운 일들이 칭찬의 대상이 된다. 공부를 잘하는 자녀들이 일류대학에 합격했다는 것부터 시작하여 판검사가 되고 의사가 되었다든가 유학을 마치고 대학교수와 외교관이나 고급공무원이 되었다는 등 어린 손자들의 재롱도 칭찬거리가 된다. 집안에서 기르는 애완견이나 향기로운 꽃잎을 피워내는 화분까지도 한 몫 낀다.

친절하게 인사를 잘하는 이웃과 성실한 아파트 경비원, 길가에 버려진 휴지를 줍는 사람, 장애자를 도와주는 버스 기사, 불우한 이웃을 돕는 얼굴 없는 천사들, 그리고 우리를 지도해 주시는 교수님과 커피 한 잔에 정을 나누는 문우들까지 모두가 칭찬의 대상이다. 사랑하는 아내와 남편도 칭찬의 반열에 오른다. 그야말로 화기가 훈훈하게 넘친다. 이 모두가 수필의 소재가 되고 한 편의 작품으로 이어진다. 이러다가 훌륭한 수필가가 나오지 싶어 기대가 크다.

나는 6남매의 자녀를 길러왔다. 모두 잘 자라서 나름대로 자기들의 삶을 꾸려가고 있다. 특별히 자랑할 만큼 성공한 자녀들도 없지만 그런대로 만족한다. 딸이 많아 '사'자 붙은 사위가 셋이나 된다. 외국에 있는 공학박사와 선교사로 가 있는 목사, 그리고 치과 병원 원장인 의학박사가 있다.

넷째 사위인 치과 병원 원장은 전통적인 불교 가정에서 자랐지만 뒤늦게 독실한 기독교 신자가 되었다. 처음에는 외아들에 대한 부모님의 실망이 컸으나 워낙 착실한 아들의 효심에 감동되어 평화로운 가정이 되었다. 주말이면 한 번도 빠짐없이 고향에 계시는 부모님을 찾아가 문안하고 용돈도 드리고 온다 하니 이런 효자가 어디 있겠는가? 처가에도 주일이 멀다 하고 자주 안부 전화를 한다. 착하고 예쁜 딸을 저의 영원한 동반자로 보내 주셔서 언제나 감사하다는 인사다. 요즈음 같은 세상에 둘이서 잘 살아 주는 것만도 고마운 일인데 싶어 가슴이 뿌듯하다.

어느 날 이 넷째 사위의 마흔네 번째 생일을 맞아 초대한다는 딸의 전갈을 받았다. 음악을 즐기고 기타를 배운다기에 선물을 준비했다. 초보자에게 알맞는 악기를 마련하였다. 사위는 장모사랑이 최고라 하지! 자네는 정말 이 세상에 둘도 없는 효자야! 장모가 전해 주는 선물에 너무 감사한다. 기타를 치면서 음향이 너무 좋다고 한다. 선물은 주는 사람이나 받는 사람 모두가 기쁜 것이다. 사랑을 주고받는 데 행복이 있고 칭찬할 줄 아는 마음이 아름다운 사회를 만드는 것 아닐까?

나는 이 사위를 참 좋아한다. 안사람도 하나도 버릴 것이 없는 사람이라고 입에 침이 마르도록 칭찬을 한다. 의학박사라는 권위의식이나 자만심도 없다. 언제나 신앙적이면서 겸손하고 친절하다. 그래서인지 병원을 찾는 손님도 많은 것 같다. 집에 돌아와서도 딸아이의 학습 준비를 해주고 가사를 돕는다. 음식을 나르거나 설거지도 서슴없이 거들어 준다. 참으로 신통방통한 사위다. 가식이 없는 진실한 마음이 가슴에 뜨겁게 와 닿는다.

집안 어른들께 기쁨을 안겨주는 우리 사위는 현대판 효자요, 애처가다. 어쩌면 자기 자신의 행복을 스스로 구축해 가는 행복 전도사인 것 같다. 행운의 여신은 최선을 다하는 자에게 마지막 아름다운 미소를 던져준다고 하지 않았던가! 자신과 이웃을 위해 항상 최선을 다해 주기를 바랄 뿐이다.

(2010. 11. 23.)

다정한 말 한마디

러시아의 대문호 톨스토이가 어느 날 길을 가고 있을 때 한 거지가 길을 막고 구걸을 하였다. 톨스토이는 주머니를 뒤지다가 거지의 손을 잡고 "형제여! 미안하오. 지금 내게는 한 푼도 없소." 그러자 그 거지는 허리를 구부리며 "아닙니다. 선생님은 오늘 저에게 귀한 것을 주셨습니다. 저를 형제라 불러 주셨습니다. 참으로 감사합니다."라고 했다. 진심에서 우러나오는 다정하고 따뜻한 말은 상대방의 영혼을 부유하게 해 준다.

구약성경 창세기에는 태초에 창조주 하나님께서 말씀으로 천지를 지으셨다고 한다. 혼돈에 빠진 궁창에 빛을 밝히고 하늘과 땅, 밤과 낮, 그리고 모든 동식물을 창조하시고 마지막 날에 당신의 형상대로 인간을 만들어 놓고 말씀하시기를 '생육하고 번성하라.' 하시며 '땅을 정복하고 생명 있는 것을 다스리라.' 하셨다. 곧 창조주신神의 능력은 말씀으로 나타난 것이다.

"너 스스로를 알라."라고 외치던 소크라테스는 반대파의 모함에 말려 많은 제자들이 지켜보는 가운데 부정한 재판인 줄 알면서도 "악법도 법이다."라면서 독배를 마셨다. 싸늘하게 숨져가는 장면을 보고 그의 제자 플라톤은 오열하면서 "오! 소크라테스! 우리의 친구! 덕망과 지혜가 가장 뛰어난 이 사람은 죽고 말았다."라고 했다. 소크라테스는 많은 대화를 통해 진리와 정의를 외치고 불의와 싸우며 바르고 선한 것을 가르쳤다. ≪플라톤의 대화≫는 스승과 제자 사이의 영원한 진실의 대화다. 공자의 논어나 석가 예수의 말씀이 모두 대화를 통해 진리를 깨우치는 말씀이 아니던가?

고대 로마제국의 황제였던 줄리어스 시저가 원로원에서 그의 양아들 부르터스에게 암살당했을 때 행한 안토니우스와 부르터스의 연설은 순간적으로 청중의 판단을 뒤집어 놓기도 했다. 웅변은 이렇게 총칼보다 더 무서운 위력을 발휘한다. 그리스의 궤변학파 소피스트들은 인류에게 많은 지혜를 일깨워 주었다고 한다.

역사적으로 유명한 정치가들은 연설을 잘했다. 1863년 11월 19일, 미국 16대 대통령 아브라함 링컨이 남북전쟁의 전환점이 된 게티스버그에서 전몰자의 봉헌식에 참석하여 행한 연설은 너무도 유명하다. "인민의, 인민에 의한, 인민을 위한 정부는 이 지상에서 영원히 사라지지 않을 것입니다." 불과 266마디의 언어를 사용한 2분간의 짧은 연설이었다. 그러나 이처럼 쉬운 말로 간결하면서도 강력한 감동을 주는 예는 없을 것이다. 그야말로 예수님의 산상수훈과도 같았다. 학창 시절에 낙제생이었다는 영국 수상 처칠도 "나에게는 아무것도 없다. 오직 국가와 민족을 위해 피와 땀과 눈물을 흘리겠다."라고 한 말 한 마디가 국민의 심금을 울려 승리를 거뒀다고 전해온다.

우리나라 역대 대통령 중에서도 김대중 대통령은 청중을 휘어잡는 희대의 웅변가였다. 그래서 민주투사가 되었고 남북평화협상을 주도하여 우리나라 역사상 최초로 노벨평화상을 수상하게 되었다고 본다.

요즘의 우리나라 국회를 살펴보자. 국민을 잘 살게 하겠다던 국회의원들의 난동은 차마 보기 어렵다. 듣기도 힘든 험한 막말로 싸우는 꼴이 정말 안타깝다. 정치인들이 오히려 국정을 어지럽히고 경제를 도탄에 빠지게 한다. 정말 파고다 공원의 오물이 생각난다. 정권야욕에 아귀다툼하는 당쟁은 언제나 사라질지? 왜 이다지도 국민의 소리를 외면하고 있는지 한심스럽다.

어찌 정치인들뿐이랴! 기업가들의 비자금 조성과 법정에서의 허위진술은 증오감까지 들게 한다. 유명한 학자들의 논술 시비도 묵과하기 힘들다. 어쩌면 이렇게 지성인들까지 우리 사회를 어둡게 하는지 참으로 가슴이 아프다.

날마다 홍수처럼 쏟아져나오는 매스컴에는 밝고 즐거운 뉴스보다 부정부패로 얼룩진 내용도 많다. 노무현 전 대통령은 말이 많아 바보가 되어 급기야 자살까지 하고 말았다.

문학작품에 대한 평가도 다양하다. 어떤 작품은 노벨문학상을 받을 정도로 독자에게 큰 감동을 주는 명작이 있는가 하면 별 가치없이 묻히는 작품도 허다하다. 더러는 작가가 죽은 후에 빛을 보는 경우도 있지만 세계적인 명작을 남긴다는 것은 그리 쉬운 일은 아니다.

우리는 시詩나 수필隨筆 공부를 하면서 습작을 많이 한다. 그리고 지도교수님을 모시고 문우회원들과 합평회合評會를 갖는 때가 자주 있다. 나름대로 정성을 쏟은 작품에 대해서 건전한 발전을 위한 따뜻한 격려가 있어야 할 것이다. 그런데 때로는 작자의 의도와 중심 내용까지 흔들어 마음을 상하게 하는 경우가 있어 안타까울 때도 있다. 아무리 표현의 자유가 있다 할지라도 듣는 이의 감정을 싸늘하게 하는 말은 해서는 안 될 것 같다.

"다정한 말 한 마디" 이것은 서로를 아우르는 소통의 길이다. 천냥 빚도 말 한 마디로 갚는다 하지 않았던가? 남의 허물을 탓하기보다는 자신을 성찰하면서 상대방에게 기쁨을 주는 말만 할 일이다. 칭찬할 줄 아는 사람이 아름다운 사회를 만든다 했거늘 새해를 맞아 남은 삶은 아름답고 고운 말, 정이 묻어나는 말만 하면서 살고 싶다.

(2009. 마지막 날 새벽에)

아내가 만든 식혜

"여보!"

전례 없이 아내의 흥분된 목소리가 들렸다.

"당신이 그토록 좋아하는 이 식혜 맛이 어떤지 맛을 좀 봐요. 내 솜씨가 최고지?" 엄지손가락을 치켜세우면서 자랑하는 아내의 모습이 천진스럽게 보였다.

지금은 옛날이야기로 묻혀 버렸지만 어린 시절 유행어처럼 떠돌던 말이 생각난다.

"함열 용산에 찹쌀 엿, 만경창파에 공술 엿, 진짜 공술 엿이 최고야!"

겉보리를 맑은 물에 씻어 시루에 담아 따뜻한 방 아랫목에 묻어두고 사오 일이 지나면 싹이 튼다. 조금 자라면 넓은 멍석에 펴서 며칠 동안 뒤적여 햇볕에 말린 뒤 엿기름을 비비고 털어 가루로 만든다. 이 엿기름가루를 하얀 밥과 적당히 섞어서 따끈한 방안에서 이불을 덮어놓고 밤을 새우면 하얀 밥알이 동동 떠다닌다. 재가 넘지 않도록 시간을 맞춰놓고 밤을 지키는 어른들의 정성이 있었다.

안방에서 새어 나오는 달콤한 향이 코끝에 스며들었다. 다 삭은 식혜를 큰 솥에 옮겨놓고 재벌 달여야만 제 맛이 난다. 따끈따끈한 식혜 한 사발씩 받아들고 마시며 깊은 정을 나누던 시절이 그립다.

어머님이 살아계셨을 때는 추석이나 설날이 되면 식혜를 만들고 엿을 고았다. 설 명절 때는 온 집안이 엿 잔치판이었다. 엿은 식혜에 잠긴 밥알을 걸러내고 가마솥에서 오랜 시간 달여 만든다. 까만 깨엿과 하얀 생강엿, 먹기 좋은 토막 엿이 구미를 당겼다. 엿은 우리나라 고유의 친환경식품이다. 부모님의 뜨거운 정성이 담긴 유일한 과자였다.

몇 년 전 일이다. 동생이 연분홍 책보에 싼 엿 상자를 보내주었다. 임실군 삼계면 엿 단지에서 생산한 제품이었다. 콩가루가 묻은 엿을 입에 넣어 보았다. 바삭거리는 가래엿이 이에 묻지 않고 사근사근 씹혔다. 어린 시절에 먹었던 진짜 고향의 엿 맛이 났다.

금년에도 연초에 선물용으로 엿을 구입하려고 전화를 했다. 마침 식혜가 다 되어 엿물을 짜려고 한다면서 용하게 때를 잘 맞추었다고 한다. 우선 몇 상자 주문해 두었다.

언젠가 아내가 직장에 출근할 때 시장에서 엿기름을 구해다가 나도 식혜 한 번 만들어 보겠다고 했다. 노점상 아주머니가 하라는 대로 보온밥통에 엿기름물과 밥을 넣어 안쳤다. 산책을 마치고 집에 들어왔을 때 보온밥통에서 식혜 밥이 넘쳐 거실 온 바닥이 엉망이었던 기억이 되살아난다. '보온 상태'로 놓아야 할 것을 '취사'로 해 놓은 탓이었다.

40에 5년을 더 함께 살아온 아내는 참으로 무심한 것 같다. 그렇게도 내 식성을 몰라주나? 매사에 소극적이고 자신이 없다. 나와는 대조적인 성격이다. 그래서 궁합이 맞는가 보다. 잠자리에 거꾸로 누워 발가락을 만져 보면 꼭 내 것과 닮아서 정말 하늘이 짝을 지어 준 인연인가 싶다.

지금까지 살아오면서 단 한 번도 만들어 보지 않았던 식혜를 나도 몰래 만들어 놓고 처음 시도한 작품에 자기 스스로 감동을 받은 모양이다. 남들은 대수롭지 않은 일이겠지만 아내로서는 아주 성공적인 첫 작품이었다. 아내의 깊은 정이 가득 담긴 맛좋은 식혜였다. 식혜의 달콤한 맛과 은은한 향이 내 혀와 코를 마냥 즐겁게 했다.

(2010. 2. 15.)

시와 함께 살아온 인생

– 제2시집 ≪꽃무릇 연정≫을 출간하고

석양 낙조에 황혼이 깃들면 노을빛에 떠오르는 영혼의 노래를 불러보았습니다. 붉게 타는 낙엽 사이로 흩어져 가는 시혼詩魂을 느꼈습니다. 외로움을 달래주는 가녀린 내 마음의 여로를 곱게 그리고 팠습니다. 어느 때보다 가느다란 붓끝이 떨렸습니다.

바닷가 모래밭에 그려진 추억들이 언젠가는 포말에 말려 사랑과 그리움으로 메아리쳐 올 때 내 호심湖心의 나래를 펴 보고자 했습니다. 어쩌면 외로운 삶의 호흡일지 모릅니다. 고독을 이겨내는 꿈을 찾아 바다 기슭과 산비탈을 방황하던 넋두리가 이렇게 연둣빛 새움을 틔워 파란 잎으로 피어나고 있나 봅니다. 그 잎에서 나는 초록빛 향기가 벗님네의 가슴마다 촉촉이 적셔 주기를 기도합니다.

저물어가는 인생의 뒤안길에 서성이다 겁없이 글밭에 뛰어들어 시詩라는 꽃나무를 심어 보았습니다. 거친 황토밭을 고르고 잡초를 뽑아내면서 가꾸어 왔습니다. 그러나 밑거름이 부족해 빈약하게 자라는 내 모습을 보고 가슴이 저렸습니다. 좀 더 자양분이 풍부해지기를 갈망하지만 그저 기름진 옥토가 그리워질 뿐입니다.

세월의 강물에 밀리고 쌓인 모래알이 황금빛으로 빛나기를 소망했던 어리석음을 깨닫게 됩니다. 이제야 소진되어가는 자신도 발견하게 됩니다.

'삶이 모두 다 그런 것을!' 몸과 마음으로 터득하고 외눈으로만 보아오던 생의 모순이 올곧게 피어지기를 소원합니다.

떨어지는 꽃잎에 새겨진 낙서가 무명시인無名詩人의 옷을 벗어버리고 화사한 봄날을 맞아 이제금 새로운 꿈을 잉태하고자 합니다. 해 저문 언덕에 누워 노욕을 버리지 못한 채 서산마루에 날려보는 군소리라 하겠습니다.

두 번째 시집 ≪꽃무릇 연정≫에 나오는 시인의 말을 이렇게 다듬어 보았습니다. 5년 전 고희古稀기념으로 출간했던 자전적인 에세이집 ≪사랑과 그리움이 메아리쳐 올 때≫에 새겨진 글발이 온고을로 터를 옮겼습니다. 가련산과 황방산을 감고 도는 전주천과 삼천을 맴돌며 아롱져진 발자국들이 또 이렇게 생의 흔적으로 남아 있는 것 같습니다.

황혼에 물든 노을빛에 영혼의 노래[詩]를 읊었습니다. 그 시들이 나의 고독을 달래 주었고 내가 살아오는 버팀목이 되어 왔습니다. 어쩌면 파도에 밀려간 추억들이 나를 새롭게 탄생시켰는지도 모릅니다. 떨어지는 꽃잎의 이야기를, 흩어지는 낙엽들의 속삭임을 들어 봅니다. 이제야 삶의 의미를 조금은 알 듯합니다. 향기로운 꽃잎에 사뭇 가슴이 떨렸습니다. 붓을 가누기에 또 민망스러웠습니다. 그러나 해가 기울고 밤이 깊어가면 다시금 꿈을 꿉니다. 꿈은 언제나 무지개처럼 아름다운 것이 아닐까요.

나는 어린 시절에 조부님으로부터 한문을 배웠습니다. ≪천자문千字文≫과 ≪사자소학四字小學≫, ≪명심보감明心寶鑑≫, ≪추구推句≫ 등을 익히면서 한학의 깊은 뜻을 알았습니다. 한문학의 오묘한 진리와 철학, 윤리도덕과 문학예술이 희미하나마 내 기억을 새롭게 합니다. 특히 ≪추구≫에 나오는 오언시五言詩는 내 작은 가슴을 울리게 했던 것을 이제야 알 듯합니다. 당시 조부님께서는 한학자로 서당을 차려놓고 후학양성에 공을 들이셨습니다. 지금 생각해 보면 조부님 생전에 한학을 좀 더 익혀 둘 것을 하고 후회도 됩니다.

꿈 많은 학창 시절에 즐겨 읽었던 동화나 시, 고전과 세계명작들이 나의 정신세계를 넓혀주고 문학의 옥토를 일구어온 것이 아닌가 합니다. 만 권의 책을 읽으면 세상이 보인다는 옛 성현의 말씀이 나에게는 큰 교훈이 되었던 같습니다. 터무니없는 욕망이었지만, 어린 날의 티 없는 꿈이었다고 믿어집니다.

소월의 〈진달래꽃〉과 〈산유화〉에서 시혼과 운율을 느꼈으며 이별의 정한과 순수한 삶의 의미를 추구하는 데 공감했습니다. 윤동주 〈서시序詩〉와 〈별 헤는 밤〉에서 시인의 맑고 깨끗한 삶을 체험하고 아름다운 이상을 꿈꿀 수 있었습니다. 만해 한용운의 〈님의 沈默〉에서는 인생의 번뇌와 사랑, 불타는 조국애를 가슴에 담아 왔습니다. 조지훈의 〈승무僧舞〉는 시정에 사로잡힌 내 영혼을 붙들어 매었습니다. 유명을 달리한 지 얼마 되지 않지만 조병화의 〈소라〉

에서 자연애의 서정적인 감성에 사로잡히기도 했습니다.

어쩌면 나의 시작詩作 과정이 이렇게 여울져 흘러가고 있나 봅니다. 수없이 건너온 세월의 다리를 헤아려 봅니다. 행여 천수를 누리고자 하는 욕망의 노예가 되는 성싶어 안타까울 때가 있습니다. 치매에 걸려 노망이라는 벙거지는 쓰지 말아야 할 텐데……. 이제 내 가슴속에 잠들어 있는 푸른 별들이 유성처럼 헤엄치다가 고운 꽃잎으로 내려와 아름다운 시詩로 반짝반짝 빛나주기를 소원합니다. 그리고 어느 때보다 사람들의 따뜻한 마음이 인생의 마지막 열매를 곱게 맺어 주었으면 합니다.

(2010. 10. 18.)

노을빛에 새로운 꿈을 잉태하듯

– 나는 이렇게 글을 쓴다

‘황혼이 오면 곱게 물들어가는 노을빛에 아롱져가는 꿈이 있었습니다. 낙엽 사이로 흩어져가는 그리움과 아쉬움이 세월 속에 묻혀 흘러갔습니다.

어느 날 외로움을 달래주던 생의 흔적들이 고운 무늬로 남아 오늘의 영광을 받게 되나 봅니다. 황홀한 등단의 선물이 안겨와 놀랍도록 반갑고 가슴이 설렙니다. 어느 때보다 깊은 감회를 느낍니다. 고희를 넘어 이제 새로운 삶이 화사한 글밭에서 꽃처럼 피어나는 것 같습니다. 제 글을 등단작품으로 선정해 주신 심사위원님들께 고맙다는 인사를 올립니다. 그리고 오늘이 있기까지 정성을 다하여 지도해 주신 김학 교수님께도 감사를 드립니다. 또한 따뜻한 정을 나누어 주시는 정다운 문우님들께도 감사의 마음을 전합니다. 끝으로 항상 제 곁을 지켜주는 아내와 자녀들과도 이 기쁨을 함께 나누

고 싶습니다. 황혼이 깃들더라도 노을빛에 무지개 같은 꿈을 키우며 늘 새로운 글을 써 보겠습니다.'

위 글은 ≪대한문학≫을 통하여 '수필'로 등단했을 때 썼던 나의 당선 소감이다.

옛날 옛날에 호랑이보다 더 무서웠던 곶감 이야기를 들려주시던 할머니의 고담이 흥미로웠고, 굴렁쇠와 같은 동요나 이솝 우화, 안데르센의 동화가 내 글밭에 고운 씨로 자랐던 것 같다. 소월의 시詩에 감동을 받았고, 윤동주의 〈서시〉에서 나 자신을 정립하고 싶었으며, 조지훈의 〈승무〉에서 인생의 오뇌를 느꼈었다. 백담사에서 88편의 시를 탈고한 만해 한용운의 시집 ≪님의 沈黙≫에서 임의 참뜻과 오묘한 사랑의 깊이를 느낄 수 있었다.

〈햄릿왕자〉를 비롯한 셰익스피어의 비극과 괴테의 ≪젊은 베르테르의 슬픔≫, ≪파우스트≫를 통해 인생의 희로애락을 간접적으로 체험하는 듯했다. 카뮈의 ≪이방인≫에서 뫼루소의 번뇌와 괴리를 감지할 수 있었으며, 톨스토이의 ≪부활≫에서 고귀한 신앙의 뿌리가 자라기도 했다. 오 헨리의 〈크리스마스 선물〉과 〈마지막 잎새〉에서는 짜릿한 사랑과 희생적인 인간의 정을 느끼기도 했다.

오랜 세월 나와 속삭이며 인생을 토닥여 왔던 일기와 불태워 오던 사랑의 선물들이 조그마한 정원에 피어나는 글밭이 된 것 같다. 그렇게도 즐겨 읊었던 한 편의 詩도, 가슴으로 우러나는 씨와 날을 엮어 산문으로 쓰인 낙서가 문학예술의 초석으로 다져진 것이 아닌가 한다.

석양 낙조의 갈잎에 떠오르는 영혼의 노래를 불러 보았다. 낙엽 사이로 흩어져 가는 시혼을 새롭게 느껴보았다. 외로움을 달래 주는 내 마음의 노래가 마침내 시인詩人으로서 햇빛을 보게 되었다. 성숙한 시인으로 샛별처럼 빛나는 시를 쓰고파 붓을 가누고 있다. 내 나이 고희를 넘긴 지 오래다. 이제 노년을 맞아 삶의 진솔한 모습을 수필 밭에 심어 정성껏 가꾸고 싶다.

글은 자기가 걸어온 인생이요, 자신의 인격이라고 생각한다. 곧 자신의 모습을 그려낸 자화상이라고 생각한다. 한 알의 씨알이 삶이라는 밭에 뿌리를 내려 어떻게 자라고 어떤 꽃을 피우며 얼마나 알찬 열매를 맺어왔는지, 자신을 되돌아보며 성찰하는 고해성사告解聖師의 글을 써 보고 싶다.

문학은 어떤 장르든 글로 표현하는 언어예술이다. 수필은 특히 인생이나 자연을 통한 체험을 어떤 형식에 얽매이지 않고 써 나가는 글이라고 할 때, 글쓴이의 인생관이나 생활이 드러나는 관조적이고 개성적인 글이다. 따라서 필자의 인간성이나 인격이 자연스럽게 표현되는 글이라고 생각한다.

작가의 진솔한 삶이 진술되는 글이기에 쉽게 다루기가 어렵다고 본다. 자연과 인생에 대한 깊은 안목이 있어야 하고, 사색의 향연이 넘쳐야 한다. 서정적인 감흥을 느낄 수 있는 아름다운 표현의 묘미가 곁들여 주면 더할 바 없을 것 같다. 또한 위트와 유머가 있어야 글의 멋이 난다. 마지막에 삶의 의미를 부여해야 하지 않을까 싶다. 잔잔하게 적셔오는 부드러운 정감이 흘러 독자의 공감을 얻어야 하리라.

나는 많은 글을 쓰지는 않는다. 그럴 만한 재능도 없을 뿐 아니라 그럴 듯한 소재를 많이 갖고 있지도 않다. 창작활동과는 거리가 있을지 모르지만 글을 마구 써야겠다는 과도한 욕심보다는 꼭 쓰고 싶은 감동이 솟구칠 때 나는 붓을 든다. 메모광이 아니라서인지 역사적인 사료나 기행에서 얻은 자료는 더욱 빈약하다. 그야말로 생활 속에서 얻은 온갖 체험이 바로 글감이 되어 시詩가 되고 산문으로 엮어진다. 그것이 바로 나의 수필창작과정이라고 말하고 싶다.

학창 시절에 읽었던 명작 감상과 유명한 사상가들의 어록, 고요한 밤에 잠겼던 명상들이 내 삶의 강물이 되었고, 마음에 와 닿는 글귀와 시어가 오늘날 내 글의 보고가 되어 참 다행이다. 오랜 세월 삶의 발자취인 일기장과 행복을 기리던 사랑의 선물도 내 글의 텃밭이요, 내 인생의 요람이다. 이 모든 것들이 오늘날 삶의 여울이 되어 아름다운 수필로 아롱져 흐르기를 바란다.

황혼이 깃들어 올 때면 곱게 물든 노을빛에 무지개 같은 꿈을 잉태하여 늘 새로운 글을 써야겠다. 불광불급不狂不及의 자세로 시와 수필의 바다에 빠져 유영遊泳하고자 한다.

(2010. 11. 25. 새벽)

시인詩人답게 더 성숙한 인간이 되련다

고요한 영혼의 노래로 곱게 핀 꽃잎이 가녀린 여인의 숨결처럼 빛바랜 넋이 되어 떨어지는 가랑잎이 되리라.

무명시인으로 남아 자신을 가늠하며 황혼길에 서성이는 인생을 조용히 정리하며 여생을 보내고 싶었다.

내 나이 고희를 넘어 벌써 사 년째다. 꿈틀대는 욕망도 시들어가고 한없는 노욕도 잠재워야 할 시기가 아닌가 싶다. 그런데도 머리 들어 하늘을 보면 저 멀리 노을 뒤에서 식지 않은 꿈들이 미소를 감추지 못하고 있는 것만 같다. 버리지 못하는 생의 욕망이다. 어쩌면 신이 우리에게 마지막 남겨준 선물이 아닐까?

산을 보면 산에 올라 숲 속을 거닐고 싶다. 깊은 계곡을 더듬어 절벽을 타고 땀을 쏟아가며 오른 산봉우리에서 장엄한 경관을 바라보는 순간 그 쾌감을 무슨 말로 표현하겠는가!

역시 배를 타고 강을 건너 푸른 파도가 넘실대는 바다를 항해할 때 미지의 세계가 그리움으로 다가오기 마련이다. 그 안타까움과 그리움이 쌓여 이렇게 연륜으로 굵어져 오늘의 햇빛을 맞게 하는 것이 아닌가 한다.

올해는 기축己丑년 소의 해다.

참으로 어지러웠던 지난 해를 깡그리 잊어버리고 소망에 넘치는 새해를 맞이하고 싶다. 그 맑은 햇살을 듬뿍 안고 싶다. 누런 황소가 순박하게 뚜벅뚜벅 쉬지 않고 걸어가는 모습이 우리 인생, 아니 내 삶의 모습이었으면 한다. 이것이 나의 꿈이요, 새로운 인생의 좌표라고 해두고 싶다.

어린 시절 달구지 몰고 가던 어미 소가 송아지를 옆에 끼고 푸푸 하면서 일터를 찾아 가던 장면이 떠오른다. 아무리 어린 주인이라 해도 고삐를 잡아 쥐면 그저 순종하던 누렁소가 추억의 창고 문을 열고 더벅더벅 걸어 나온다.

온고을 전주에 삶의 둥지를 옮겨온 지도 벌써 두 번째 해가 바뀌어 간다. 천 년 역사가 숨어 있는 고도, 전통과 문화를 자랑하고 맛과 멋의 고장인 예향의 도시 '온다라' 전주에서 삶을 편안하게 보낼 수 있게 된 것은 정말 행운이라고 믿는다.

가련산과 건지산을 누비며 황방산 자락에 흐르는 삼천과 시내 한 복판을 가로지르는 전주천에 손발을 적시노라면 가시처럼 억새고 거센 가슴이 녹아 내린다. 어느 때는 산다는 의미가 어둠 속에 묻히어 가는 추억을 더듬는 것이 아닌가 싶은 생각이 들기도 한다.

이른 봄날 여린 꽃잎이 피어나고 한여름 푸른 하늘에서 맴도는 흰 구름과 나풀거리는 포플러 잎을 보니 가슴이 저민다. 온 천지가 붉게 타는 가을이 알곡으로 채워지고 함박눈이 장독에 덥혀 올 때 따끈한 아랫목 화롯불에 익어가는 밤 한 톨이 그립다.

오랜 세월 호흡이 멈췄던 책장과 일기장이 슬며시 고개를 드는 듯하다. 덥여 있던 앨범을 넘기면서 지난날을 되새겨 보기도 한다. 슬프고 괴로웠던 것보다 아름다운 미소가 나를 한껏 반겨 주는 듯하다. 의미도 없는 낙서였다. 흐트러진 상념들이 꼬깃꼬깃 적힌 낙수첩落穗帖이라 할까! 나뭇잎에 새겨진 이야기와 책갈피마다 끼워둔 은행잎이 가을의 동화를 들려 주는 듯하다. 빛바랜 꽃잎에 시詩가 숨어 있고 고운 마음이 그려져 있었던 것이 아닌가 싶다. 그것이 바로 지나온 나의 모습이다.

해마다 신년의 꿈은 크기만 하다. 똑같은 해가 찬바람을 안고 눈 속에 떠오르지만 많은 사람들은 산봉우리에 올라 해맞이를 하면서 온갖 소망을 빈다.

우리는 욕망의 노예가 되는 성싶다. 그 욕망과 그 희망 속에 삶의 보람을 찾는 게 아닌가! 턱없는 꿈이라지만 꿈꾸지 않는 것보다 얼마나 바람직한가! 미래는 꿈꾸는 자의 것이라는 말이 생각난다.

나는 새해를 맞아 늦깎이로 신춘문예에 등단하고 싶은 욕망이 생겼다. 다정스런 문우들과 문학예술을 즐기면서 훌륭하신 교수님의 열성어린 지도에 감복하지 않을 수 없었다. 늦다고 생각할 때가 기회라고 하시면서 용기를 갖도록 희망의 씨를 심어 주셨다. 활활 타오르는 욕망의 씨알을 심고 잘 가꾸어 알찬 열매를 거두리라 굳게 다짐하였다.

지난 연말을 기해 여러 신문사나 문예지에서 실시하는 신춘문예 신인상 공모에 응해 보았다. 마침내 나의 꿈은 이루어졌다.

월간 한국시韓國詩사에서 주관하는 신인상에 응모한 작품이 선발되어 당당하게 시인이라는 나의 꿈이 이루어졌다. 그야말로 늦깎이 시인으로 데뷔한 셈이다. 나보다도 아내나 자녀들이 더 반가워하는 것 같다. 참으로 기쁘다. 어느 어려운 시험에 합격한 것보다 더 값진 보람이다.

그동안 불편한 몸을 이끌고 심혈을 기울여 지도해 주신 이기반 교수님께 진실로 감사드리고 나의 졸작을 선해 주신 심사위원님들께 거듭 고마운 인사를 드린다.

항상 진실과 허실의 기슭에서 서성이던 나에게 詩의 세계를 열어주신 문우님과 사랑하는 내 가족에게 감사한다.

이제 시인답게 더 성숙한 인간이 되어야겠다.

(2009. 3. 10.)

한 점 부끄럼이 없기를

죽는 날까지 하늘을 우러러
한 점 부끄럼이 없기를
잎새에 이는 바람에도
나는 괴로워했다
별을 노래하는 마음으로
모든 죽어가는 것을 사랑해야지
그리고 나한테 주어진 길을
걸어가야겠다

오늘밤에도 별이 바람이 스치운다

나는 교단에 서서 맨 처음 고운 노래를 부른다 하고 윤동주 시인의 〈서시序詩〉를 곧잘 외우곤 했다.

하늘을 우러러 한 점 부끄럼이 없기를!

이 얼마나 순수하고 해맑은 숨소리인가.

티 없이 맑고 깨끗한 호수에 고운 파문을 그리고 싶었던 열망의 함성이었다. 그러나 홍익인간의 전인적인 교육이념은 묻혀 가고 입시 지옥에 사로잡혀 있는 교육정책은 수시로 변덕을 부려 어느 장단에 춤을 추어야 할지 일선 교육현장은 방황하지 않을 수 없는 실정이다.

교육은 백년지계라 했거늘 대하의 흐름처럼 변함없는 시책으로 일관되어야 하지 않을까. 장관이 바뀔 때마다 기발한 교육정책이 쏟아져나오는데 단 한 번도 교육이 잘되어가고 있다는 말은 듣지 못했다. 오히려 일선 교육현장은 엉망이었다. 인성교육을 바탕으로 하는 윤리나 도덕교육은 땅에 떨어지고 대학 입시 교육만을 중시하는 교육현장은 개선하지 않고 있으니 참으로 한심스러울 따름이다.

5 · 16 쿠데타 이후 부흥부 소관이었던 지역 사회 개발에 몸담고 있었다. 황무지의 땅 덴마크를 개척하고 부흥시켜 지상낙원으로 일구어냈던 구룬두비히나 달가스 대령의 꿈을 실현하고자 낙후된 농촌지역을 찾아 젊음을 불태웠다. 그러나 정부 시책에 따라 농림부 기구 개편으로 인하여 우리의 위치가 불안하게 되었다. 따라서 나의 이상이요, 오랜 청춘의 꿈을 접어 버리고 교단으로 자리를 옮기지 않을 수 없었다.

양심과 신념을 가지고 후진 양성에 몰입하였다. 세계적인 교육자요 근대 교육의 선구자였던 페스탈로치의 교육이념을 가슴에 품고 교단에서 진리를 일깨우고 정의를 외쳐온 지도 30개 성상, 명예도 모르고 그저 정열을 쏟아왔다.

그러나 꿈에도 상상치 않았던 참여정부의 정년단축이라는 유례없는 철퇴에 맞아 원로 교사로 자리를 떠나야만 했다.

지금 생각하면 차라리 잘되었다는 양심선언이 나온다. 평생을 교육에 불태우리라는 열망을 가지고 교단에 섰지마는 진정으로 2세 교육을 위해 무엇 하나 떳떳하게 일깨워 주었는지 모르겠다. 그저 교과서를 끼고 백묵 가루를 날리며 불만스런 현실만 지탄하다 밀려나온 자신이 아니었나 싶다. 적어도 진리를 사랑하고 정의로운 사회를 구현하며 부강한 나라를 건설하는 역군이 되어야 한다고 부르짖다가 빠져나온 것만 같다.

이제는 하늘기둥을 붙잡고 지난날을 회개해 본다. 이거라도 하는 심정으로 직장을 찾아 한갓 식탁을 해결하기 위한 것이 아니었던가? 초라하게 전락해 버린 자신을 응시해볼 때 매사가 부끄러울 뿐이다.

고희古稀를 넘어 팔순八旬을 바라보는 나로서는 여생이나마 한 점 부끄럼 없이 살기를 기도한다.

성전에서 새벽 제단을 쌓으며 별을 노래하는 마음으로 나에게 주어진 길을 걸어야겠다. 이 새벽에도 별이 내 가슴에 스치운다.

(2009. 5. 25.)

제2부
은사님께 올린 큰절

은사님께 올린 큰절

스승의 은혜는 하늘 같아서 우러러 볼수록 높아만 지네
참되거라 바르거라 가르쳐주신 스승은 마음의 어버이시다
아 아 고마워라 스승의 사랑 아 아 보답하리 스승의 은혜

은사님! 저희들의 큰절을 받으세요. 오늘은 저희들이 난산 초등학교를 졸업한 지 61년이 되는 해입니다.

지난 3·1독립운동 91주년 기념일을 맞아 독립 유공자로 건국포장과 대통령 포상을 받으신 이석규 은사님께 축하와 함께 만수무강을 기원하는 제자들의 큰절이었다.

5월은 어린이 날, 어버이 날, 스승의 날, 부부의 날이 들어 있는 가정의 달이요, 희망과 행복이 넘치는 달이다. 초록빛 5월이 곱게 피어나는 달이다. 라일락 향기에 젖어 동심의 세계에 들어가 스승

의 은혜에 감사하는 시간을 나눌 수 있어 아주 보람이 있었다. 60년의 세월을 뛰어넘어 난산공립국민학교(초등학교)에서 고운 꿈을 길러 주시던 은사님을 모시고 동창회를 갖게 되어 의미가 컸다.

1950년 5월, 우리들의 배움의 요람이었던 난산 둥지를 떠날 때 졸업장을 나누어 주면서 고사리 같은 손을 잡고 눈물을 감추지 못하던 은사님께서는 올해 85세이시다. 전라북도 독립유공자 중에서 유일한 생존자라 한다. 5학년 담임이셨을 때는 총각선생님이었는데 6학년에 올라올 때는 신혼 초였다. 교단생활을 통해 처음으로 졸업반을 맡으신 은사님께서는 숙직실에서 자취 생활을 하면서까지 진로지도에 정렬을 다 쏟으셨다.

당시 김봉곤 교장선생님께서는 한약까지 달여 선생님을 격려해 주기도 했다. 세월이 강물처럼 흘러 이제는 스승과 제자가 함께 노년에 접어들었다. 그러나 아직도 정정하신 은사님은 마치 동창생 같다. 젊은 시절에는 전라북도 200m 단거리 선수였다. 철봉에 매달려 묘기를 보이거나 기계체조에도 만능이셨다.

은사님께서는 일제 말기 광주사범학교(현 광주교육대학교) 재학 시절에 목욕탕 안에서 일본인들로부터 더러운 조센징이라는 욕설과 함께 몰매를 맞고 분노를 참지 못했다. 어느 날 무조건 시비를 거는 일본 학생을 구타했다는 이유로 무기정학을 당했다.

그 후 '무등독서회'라는 독립운동 단체를 조직하였다. 한 달에 1회 이상 독서회를 통하여 우리나라 역사 바로알기 공부를 하는 등 본격적인 항일운동을 벌였다. 일본의 군사훈련과 징병소집에 대한 반대 투쟁을 하면서 상해임시정부의 밀령을 받아 비밀리에 독립운동을 전개해왔다. 태극기를 제작하고 일본의 패망이 가까웠다는 유인물을 배포하다가 일본경찰에 적발되었다. 광주경찰서에 끌려가 온갖 굴욕과 모진 고문을 당하면서 옥고를 치르다 다행히도 8·15광복과 함께 죽음 직전에 출옥하게 되었다.

피맺힌 과거의 상처를 가슴에 묻고 있다가 이제야 빛을 본 은사님의 숭고한 애국정신에 감복하지 않을 수 없다.

과거를 잘 몰랐었던 우리 제자들은 새롭게 은사님의 훌륭하신 업적을 존경하고 기린다. 이번 스승의 날에는 전주 시청 앞 솔담회관에 모여 독립유공자로서 포상을 받으신 은사님을 모시고 축하연을 가졌다. 고희를 넘은 제자들이 모두 일어나 큰절을 하였다. 화환과 기념품을 드리고 스승의 노래를 합창하였다.

이날 밤에는 시골에 살고 있는 여자동창의 초청으로 제2반창회로 즐거운 시간을 가졌다. 가난을 이겨낸 여장부다. 작은 체구에 7남매를 길러 아들 손자며느리까지 무려 35명의 가족사진을 자랑했다. 혼자 살면서도 행복한 말년을 누리고 있었다.

경향 각지에서 모인 남녀 친우들이 동심으로 돌아가 옛이야기에 밤이 새는 줄도 몰랐다. 거룩하신 은사님에 대한 보은의 정을 느끼면서 끝없는 우정의 시간을 즐겼다. 우정은 정말로 아름답고 영원한 것이 아닌가! 애련한 그리움이 사무칠 때 버려진 영혼이라도 안아보고 싶은 우정! 스승의 은혜를 생각하면서 동창생들은 우정을 다시 한 번 다짐할 수 있었다.

(2010. 5. 19.)

운명도 준비하는 자에게 찾아온다

먼동이 트자마자 전화벨이 울렸다. 새벽잠을 설쳐 잠시 눈을 붙이고 있을 때였다. 부스스 눈을 비비면서 수화기를 들었다. "선생님 저예요. 저 유재성입니다. 오랫동안 인사드리지 못해 죄송합니다. 저 선생님과 약속한 바를 일궈냈어요. 그래서 전주로 이사했어요." 그저 잘했구나 싶고 반가웠다. "선생님! 낮에 아버님과 함께 찾아뵙겠습니다." 하는 말로 점심약속을 하였다.

나는 다른 일정을 미루고 다소 흥분된 기분이 되어 옛날을 더듬어 보았다.

황톳길을 밟으며 꿈을 기르던 초등학교 시절이 떠올랐다. 5학년 때 한반이었던 친구의 아버님 생각이 났다. 나처럼 쌍까풀진 눈매에 항상 명랑하여 즐거운 시간을 나누었던 기억이 난다. 인자하셨던 그 아버님께서 긴 담뱃대를 들고 오르내리던 모습도 역력하다.

6·25사변이 일어나던 해에 나는 익산에 있는 중학교에 진학하고 그 친구는 전주 중학교로 가게 되었다. 그때부터 우리는 반창회를 갖게 되었다. 1년이면 방학 때를 이용해서 한두 차례씩 즐거운 만남의 시간을 가졌다. 팔순을 바라보는 지금까지도 이어지고 있다. 동심의 세계에서 참다운 우정의 꽃을 피우게 된다는 것은 너무나도 아름다운 추억이다.

그 친구는 아버님이 연로하셔서 조혼을 하였다. 시골 마당에서 전통 혼례를 올리게 되었는데 그때 나는 하객으로 참석해서 축사까지 해 주었다. 바로 그 친구의 장남이 유재성 군이다. 지금은 4남매를 둔 어엿한 학부모가 되었다면서 은근히 자랑도 하는 것 같았다. 큰딸은 대학교 4학년이 되었다 한다. 참으로 세월의 무상함과 함께 감개무량하다.

유재성 군은 내가 지극히 사랑하는 친구의 아들로 매사에 적극적이고 성실한 성품을 지녔다. 총각 시절에 공무원 시험에 합격해서 김제 군청으로 초임 발령을 받았다. 어느 날 김제 군청에 볼일이 있어 잠깐 들렀을 때였다. 출입구에서 열심히 청소를 하고 있는 청년이 있었다. 으레 용인들이 하는 일이겠지 했는데 뜻밖에 재성 군이었다. 나는 다소 의아했지만 그 순간 오! 그래야지! 정말 믿을 수 있는 일꾼이다, 우리나라 모든 공무원들이 저렇게 솔선수범한다면 얼마나 좋을까?

벌써 20여 년 전 일이다. 전북교육위원회에서 사립학교 교원 수급을 위한 순위 고사가 있다는 소식을 들었다. 마지막 날에 가까스로 지원서를 접수하여 응시하게 되었다. 평소 실력을 쌓은 결과로 당당하게 합격을 하였다. 그러나 상과 출신으로 갈 곳이 마땅치 못했다.

평생에 인사 청탁이라고는 한 번도 해 본 적이 없는 나였지만 그 당시 도교육위원회에서 근무하는 친구를 만나 알아본즉 신태인 왕심여고에 한 자리가 있다는 것이었다. 참으로 운이 좋았다. 기회는 준비하고 기다리는 자에게 오는 법이다. 다행히 그 학교로 부임하게 되었다. 역사가 깊고 모든 질서나 체계가 잘되어 있는 학원이었다.

나는 교직자의 선배로서 많은 지원을 아끼지 않았다. 그리고 교사로서 지녀야 할 자세와 사명에 대해서도 말해주었다. 유재성 선생은 항상 나에게 부모님 같다고 하면서 감사하다는 인사를 잊지 않는다. 베푼 은혜는 생각지 말고 받은 은혜는 잊지 말아야 한다는 인생철학을 익혀온 나이지만 역시 베푼 은혜를 잊지 않고 찾아 주는 유재성 선생은 그저 반갑고 고맙기만 하다.

지금부터 6년 전 일이다. 그가 근무하는 학교에 학급 수가 줄어 공립학교로 전출해야 하는 대상이 되었다. 운이 따랐다고 할까. 부안교육청으로 발령을 받아 기술과 순회 교사로 근무하게 되었다. 그러나 자기 전공도 아닌 과목을 가르치기에는 언제나 부담이 가고 불만스러웠다. 그래서 영어 교사 자격을 갖추어야 하겠다는 결심을 하였다. 원어민과 유숙을 하면서 부단히 노력한 결과 영예로운 영어 교사 자격을 취득하였다.

현시대에 걸맞는 영어 교사가 되어 완주군 교육청 산하 운주중학교로 발령을 받아 부임인사까지 마치고 왔다는 것이었다.

너무나도 반갑고 기쁘다. “뜻이 있는 곳에 길이 있다.” “의지는 절름발이를 업고 가는 소경과도 같다.”라고 했던 나의 교훈적인 말이 항상 가슴속에 숨쉬고 있었다고 한다. 자기 아내와 자녀들에게도 자주 내 이야기를 하면서 운명은 나를 기다려 주지 않는다, 끊임없이 노력하고 개척하는 자에게만 찾아온다는 말로 가훈을 삼아 가정을 이끈다고 한다.

정말 갸륵하다. 그의 모범적인 삶이 감동적이다. 이제 더 높은 희망을 가지고 정진해야 한다. 중단 없이 앞만 보고 뛰어라! 올곧게 달려가거라! 아무리 운이 좋아도 운명은 준비하는 자에게만 찾아온다.

태양은 항상 어두운 곳에서도 빛이 난다.

(2011. 3. 3.)

한 서린 야생마의 눈물

야생마로 돌변한 마미의 눈물은 모든 시청자들의 눈시울을 적셨다.

지난 3월 15일 아침 SBS TV 방송에 에니멀 커뮤니케이터 하이디의 위대한 교감 405회가 방영되었다. 도도한 금발머리 동물 심리치료사인 하이디의 초능력에 놀라지 않을 수 없었다.

에니멀 커뮤니케이션은 동물의 마음을 알고 동물과 대화를 할 줄 아는 사람을 이른다. 곧 동물의 감정과 생각을 읽어서 통역을 해주는 동물 심리치료사다.

나는 유달리 동물을 사랑한다. 시골에 살 때는 오랫동안 개를 길렀다. 검둥이와 바둑이, 세퍼드, 진돗개를 비롯해서 방안에서 기를 수 있는 하얀 말티즈나 코가 납작한 시추, 페키스 등 여러 종류의 애완견도 길러 보았다. 동물들은 내가 사랑하는 만큼 정을 준다.

어린아이 못지않게 사랑스럽다. 한때는 예쁜 새도 길러 보았다. 십자매와 백문조, 금슬 좋은 잉꼬 한 쌍, 청명한 날에만 우는 노오란 카나리아도 길러 보았다. 새장 안에서 푸른 하늘을 바라보며 노래하는 카나리아의 청아한 음향은 듣는 사람의 심금을 울린다.

신이 창조해주신 자연생태계에서 유달리 동물의 세계가 나를 사로잡는다. 아프리카 대륙의 황야를 활보하는 맹수들이 서로 싸우면서 살아가는 장면을 볼 때는 스릴이 넘친다.

그러나 인간의 사랑을 먹고 사는 동물농장 이야기가 더 가슴에 와 닿는다. 개나 고양이는 물론 카멜레온, 악어, 파충류, 곤충까지도 애완동물로 사랑하며 집안에서 기르고 있는 것을 보면서 감탄할 때가 많다.

한국에 동물 심리치료사로 온 하이디는 본래 미국 여자 경찰로 13년간이나 근무하다가 몸이 불편하여 퇴직 후에 많은 동물들의 생태와 심리를 연구하다가 세계적인 동물 심리치료사가 되었다고 한다. 마음의 문을 꼭 닫아놓고 사람을 기피하는 고양이와 눈으로 깜박깜박 키스를 하며 정을 주고받아 사람과 가깝게 하고 자폐증에 사로잡혀 있는 개를 어루만져 심리적으로 안정을 취하게 하는 능력을 가지고 있다. 참으로 신기하다.

주인도 모르게 임신한 경주마 마미는 무리하게 활동하다가 조산을 하게 되었다. 그 뒤로 갑자기 야생마로 돌변한 마미는 사람을 가까이 접해주지 않는다. 교육을 받아 잘 길들여진 명마가 이렇게 야생마로 돌변한 것은 바로 조산으로 인한 것이었다. 차가운 시멘트 바닥에 사생아로 태어난 새끼를 보고 거칠게 변화한 것이다. 그야말로 새끼 잃은 어미 마음은 인간과 하나도 다를 바 없다고 느껴진다. 그 쓰라린 고통을 가슴에 묻고 말 못하는 심리적 갈등이 마침내 본래의 야생마로 변화한 것이다. 슬픔에 잠긴 마미의 검은 눈동자가 하늘을 응시하면서 인간을 원망하는 듯하였다. 주인까지도 가까이 대해주지 않고 발굽을 구르며 애통해 하는 모습이 안타까워 가슴이 저렸다.

야생마 마미에게는 동물 심리치료사인 하이디가 구원의 천사였다. 따뜻한 미소를 지닌 금발머리 미녀가 마미에게 조심스럽게 다가가서 먼저 손등을 마미의 콧등에 대면서 다정한 포즈로 키스를 해준다. 이게 웬일인가! 뜻밖에 거친 야생마는 조용히 하이디를 맞아 주었다. 마미와 교감이 이루어져 대화를 나누고 있는 것이다. 머리를 쓰다듬고 목을 어루만지며 의사처럼 진찰을 한다. 뒷다리에 아픈 곳이 있다고 하면서 허벅지에 난 흉터를 만져주고 마음속에 응어리져 있는 상처를 치유해 주었다. 마미는 주인에게 "미안하다. 이해해줬으면 좋겠다. 지금은 너무 고통스럽기 때문에 사람을 태울 수가 없다. 나는 내 아가의 죽음에 대하여 아무도 원망하지 않는다. 그것은 순전이 내 탓이다. 당신은 나의 임신 사실을 몰랐기 때문에 당신을 원망하지 않는다. 그리고 변함없이 당신을 사랑한다."고 말하면서 가족을 원망하지 않고 자신의 탓으로 돌리고 자책하고 있었다. 하이디의 초능력에 놀라지 않을 수 없었다. 한편의 감동적인 드라마다.

주인은 울면서 마미의 얼굴을 쓰다듬고 용서를 구했고 다음에 임신할 때는 잘 돌보아 주겠다고 약속한다. 드디어 마미는 예전처럼 등에 주인을 받아들이고 씽씽 운동장을 달렸다. 모두가 기립박수를 보냈다. 야생마로 돌변했던 검은 마미의 눈에는 눈물이 어려 있었다. 주인도 하이디도 눈물을 흘렸다. TV를 보는 나 역시 울었다.

동물의 감정과 생각을 익혀 인간과 대화를 나누는 하이디의 위대한 교감에 다시 한 번 뜨거운 감격의 박수를 보낸다.

(2009. 3. 19.)

베사메무쵸, 내가 즐겨 부르는 그 노래

베사메 베사메무쵸, 고요한 그날 밤 리라꽃 지던 밤에,
베사메 베사메무쵸, 리라꽃 향기를 나에게 전해다오.

인생은 짧고 예술은 길다!

음악도 예술인지라 명곡은 우리의 가슴속에서 영원히 살아 숨쉰다. 전통 클래식 음악으로 하이든의 〈천지창조〉나 모차르트의 〈피가로의 결혼〉, 베토벤의 교향곡 〈운명〉이나 차이코프스키의 〈백조의 호수〉 등은 웅장하면서도 파도치는 바다와 같고 때로는 고요히 잠자는 호수와 같이 언제나 우리의 영혼을 감싸준다.

우리나라 민요나 판소리도 서구 음악 못지않게 훌륭한 작품들이 많다. 옛날 임방울의 〈적벽가〉나 인간문화재 박동진이 완창했던 〈춘향가〉, 〈심청가〉, 〈흥보가〉는 우리나라 고유의 오페라 곡이다.

우리 가곡도 〈가고파〉와 함께 〈목련화〉, 〈내 마음은 호수〉 등 불멸의 명곡이 많다.

세계적인 성악가 파바로티나 도밍고, 카레라스가 즐겨 불렀던 〈오! 솔레미오〉, 〈돌아오라 소렌토로〉, 〈산타루치아〉 등 이탈리아의 칸초네도 우리의 가슴을 설레게 한다. 어찌 그뿐인가. 신의 목소리라고 극찬받는 우리의 월드스타 소프라노 조수미는 그 화려한 음색과 민첩한 음악적 테크닉으로 온 세계인의 심금을 울리고 있지 않은가.

우리 민족의 정한을 노래한 아리랑도 지방에 따라 〈밀양아리랑〉, 〈정선아리랑〉, 〈진도아리랑〉이 있는데 이 모두가 순수한 우리 민족의 정서를 담은 노래다. 유달산에 오르면 삼학도를 바라보면서 애절하게 불렀던 이난영의 〈목포의 눈물〉이나 김정구의 한 맺힌 〈눈물 젖은 두만강〉, 패티김의 〈구월이 오면〉과 함께 세상살이 50년, 이미자는 〈나의 노래는〉, 〈섬마을 선생〉과 〈동백 아가씨〉를 비롯하여 천여 곡을 불러 민중의 가수로 사랑을 받고 있다.

나는 부모님 덕으로 좋은 음성을 타고났다. 그래서인지 우리 형제는 다 음악을 즐기고 노래하기를 좋아하는 편이다. 하모니카, 아코디언, 기타 등 웬만한 악기는 다들 잘 다룬다. 막내 동생은 테너가수로 교직에 있으니 작은 음악가족이라 하고 싶다.

내가 좋아하는 노래는 나이에 따라 변하는 것 같다. 어렸을 때는 〈고향의 봄〉이나 〈과수원 길〉을 즐겨 불렀고, 중고 시절에는 〈선구자〉나 〈사우(동무생각)〉, 그리고 대학 시절에는 〈가고파〉나 〈목련화〉, 〈비목〉 등 우리 가곡을 좋아했다. 중년에는 이태리 민요 〈오!

솔레미오〉, 〈돌아오라 소렌토로〉가 마음에 들어 즐겨 불렀다.

이제 공직생활을 떠나 노년시대에 접어들었다. 이상하게도 민중의 가슴을 파고드는 우리나라 대중가요가 좋아졌다. 오랜 역사의 한과 정이 숨어 있고 우리들의 심금을 울려주는 성싶다.

나는 노인복지회관이나 평생교육원을 찾아다니면서 건강관리와 함께 여러 가지 프로그램을 익히며 즐거운 시간을 갖는다. 역사 탐방이나 문학기행을 할 때와 여러 모임에서 평소에 즐겨 부르는 노래가 있다. 대부분 흘러간 옛 노래가 훨씬 더 인기가 높다. 나는 〈아! 신라의 달밤〉을 불렀던 고 현인의 히트곡 〈베사메무쵸〉를 즐겨 부른다. 이 노래를 할 때마다 박수가 쏟아져 나온다. 나만 보면 〈베사메무쵸〉를 불러보라고 성화다. 결국 〈베사메무쵸〉는 나의 노래요 애창곡이 되었다. 또한 나의 별명이기도 하다.

〈베사메무쵸〉는 멕시코의 한 여류 작곡가이며 가수인 콘수엘로 벨라스케스 Consuelo Velazquez가 24세 처녀 시절에 작곡한 것이라고 하는데 스페인 사람들의 정열에 불타는 사랑의 노래다. 베사메무쵸는 스페인 언어로 kiss me much(키스를 퍼 부어 주세요, 뜨겁게 사랑해 주세요.)라는 의미가 들어 있는 말이다.

노래는 불러서 흥겹고 들어서 즐겁다. 고전적인 음악과 낭만 속에 흐르는 옛날의 명곡이 푸른 강물처럼 우리의 가슴을 아름답게 적셔주고, 팝송이나 샹송은 경쾌한 리듬으로 젊음을 즐길 수 있게 한다. 그러나 흘러간 우리 옛 노래는 세월이 갈수록 우리의 정서를 아름답게 수놓는다.

음악은 가장 아름다운 예술이다. 원시시대부터 자연과 더불어 저

절로 생겨나 인류 역사를 이어온 풍류다. 음악엔 인간 삶의 희로애락이 담겨 있다.

인간의 애환을 담은 노래를 마음껏 불러보자. 즐거운 노래를 힘차게 부르면서 살아가자. 나는 언제까지나 나의 애창곡인 사랑의 노래 〈베사메무쵸〉를 부르리라. 베사메무쵸! 고요한 그날 밤 리라꽃 향기를 나에게 전해다오.

(2009. 5. 17.)

독서의 향기

유난히도 기승을 부리던 폭염 속에 소란스럽던 풀매미 소리가 서서히 잠잠해지더니 가을이 성큼 다가왔다. 밤새도록 어둠을 삼키며 울어대던 귀뚜라미도 조용히 청량한 아침을 맞는다.

가을! 가을은 결실을 기약하는 풍요의 계절이다. 또한 등화가친, 독서의 계절이다. 철 따라 어김없이 오는 계절의 향기다. 그러나 이 가을에는 낙엽처럼 인생의 무게를 높인다. 그저 몸도 마음도 무거워지는 성싶다.

어린 시절 굴렁쇠를 굴리며 골목길을 누비던 때, 할머니 무릎에서 호랑이보다 무서운 곶감 이야기나 해님, 달님 이야기를 즐겨 들었다. 점점 자라면서 흥부와 놀부, 심청전 홍길동전 등 고전을 흥미롭게 읽었다. 6·25 전란 시에는 골방에 묻혀 등잔불 심지를 돋우며 두근거리는 가슴으로 이광수의 ≪사랑≫, 박계주의 ≪순애보≫, 김래성의 ≪애인≫, 앙드레 지드의 ≪전원의 교향악≫, 괴테의 ≪젊은 베르테르의 슬픔≫, 셰익스피어의 ≪햄릿 왕자≫와 ≪로미와 줄리엣≫ 등 주로 애정소설을 탐독했다. 그 외에도 역사 소설이나 위인전, 탐정소설을 꽤나 즐겼다. 때로는 긴긴 밤을 새우면서 흥분도 하고 처량한 귀또리 소리에 눈물도 적셨다. 고전이나 세계적인 명작을 읽을 때마다 독후감을 써보고 마음에 와 닿는 글귀를 메모해 둔 흔적들이 지금도 내 수첩에 남아 있다.

나는 누가 취미가 무엇이냐고 물으면 서슴없이 독서라고 했다. 참으로 황당무계한 대답이었다. 너무나도 당돌하고 자만했던 것 같다. 내가 정말 얼마나 많은 독서를 했다는 말인가? 독서 삼매경에 빠져본 적도 별로 없었던 것 같다. 이웃나라 일본 사람들은 1년에 평균 11권의 책을 읽는데 우리나라 사람들은 한 권도 제대로 읽지 않는다고 한다. 국회의원들도 역시 일본에 비해 29대 2.6권이라 하니 참으로 한심스럽다.

독서는 마음의 양식이요, 지식의 창고다. 지혜의 숲이요, 진리의 강물이다. 또한 정신의 지주요, 인생의 깊이 있는 삶의 향기라고 했다. 독서를 많이 하면 마음의 눈과 정신이 빛나고 풍요로운 생활을 할 수 있다. 책처럼 훌륭한 인생의 반려자는 없을 것이다. 맹자孟子는 독자상우讀者尙友라는 성어로 책을 많이 보면 옛 성현들과 벗이 되어 지혜로운 사람이 된다고 하지 않았던가? 책 속에 길이 있고 참된 인생의 진리가 숨어 있다고 한다.

독서는 단순한 나의 취미가 아니다. 내 인생의 푯대요 이상이었다. 꿈을 이루어가는 동맥이었다. 학창 시절의 희망이었다. 그러나 나의 꿈은 항상 일곱 빛 무지개였다. 전쟁터에서도 독서를 즐겼다는 나폴레옹처럼 언덕 너머 무지개를 잡으려고 달려가던 꿈이었다. 아직도 아름다운 무지개는 나를 유혹하고 있다는 착각에 사로잡힌다.

먼지 앉은 책장을 정리하다가 시선이 멈춘 곳에 손길을 내밀어 보았다. 감수성이 한참 예민하던 시절에 감동을 받았던 책이다. 바로 오 헨리O. Hanry의 단편소설 〈크리스마스 선물〉이었다.

오 헨리는 미국이 낳은 세계적인 단편 작가다. 노오드 캐롤라이나주에서 태어나 숙부의 약국에서 종사하다가 은행원이 되었다. 그러나 공금횡령죄로 3년간이나 감옥생활을 하였다. 1902년 뉴욕으로 옮겨가 본격적으로 단편소설을 쓰기 시작했다. 아쉽게도 과음과 과로 때문에 49세로 인생의 막을 내렸다. 300여 편의 작품을 남긴 그는 사소한 일도 그냥 지나치지 않았다. 웃음 속에서 깊이 생각하고 슬픔 속에서 따뜻한 정을 느끼게 하여 엉뚱한 결과로 대중을 놀라게 한다. 그의 대표작 〈크리스마스 선물〉과 〈마지막 잎새〉는 서민의 애환과 유머를 정묘한 기법으로 표현하여 대중의 인기를 얻었다고 본다.

크리스마스 선물(현자의 선물)은 1주에 8달러를 내고 가구가 달린 집에서 사는 가난한 부부 이야기다. 그해 크리스마스 이브를 맞아 주인공 테라는 남편에게 줄 선물을 마련하기 위해 무릎까지 내려오는 황금머리를 팔아 낡은 남편의 시곗줄을 샀다. 남편을 기다리며 '하느님! 제발 그이가 아직도 저를 예쁘다고 생각하게 해 주십시오.' 하고 기도를 한다. 그리고 테라 앞에 서 있는 남편에게 '내 머리카락은 셀 수 있어도 당신에 대한 내 애정은 셀 수 없어요.'

그 순간 짐은 테라를 안고 호주머니에서 종이꾸러미를 꺼내 주었다. 그 꾸러미를 헤쳐 본 테라는 환성을 지르다가 다음 순간 울음을 터뜨린다. 그토록 갖고 싶었던 별갑으로 만든 빗이었다. 눈물에 젖은 테라는 '남편에게 내 머리는 아주 잘 자란다우.' 하면서 손바닥에 시곗줄을 쥐어 주었다. 그때 짐은 소파에 누워 '이제 프리젠트 이야기는 그만합시다. 너무 좋은 거라서 지금 쓰기에는 아깝거든. 나도 당신에게 줄 빗 살 돈을 마련하기 위해 시계를 팔았단 말이오.' 초라한 셋방살이 젊은 부부는 언제까지나 꺼지지 않는 사랑을 확인한다.

오 헨리의 단편소설의 특징은 따뜻한 유머와 짜릿한 페이더스가 얽혀 독특한 정조를 나타내는 데 있다고 하겠다. 그 정적인 조화는 천성적이기보다는 그의 쓰디쓴 인생 체험에서 저절로 배어나온 것이라 하겠다. 이 〈크리스마스의 선물〉에서도 가난한 가운데 영원한 인생의 가능성과 행복을 추구하는 그야말로 눈물 속에서 미소를 찾는 오묘한 인생의 길을 엮어 놓았다고 본다. 독서는 깊이 있는 삶의 향기다.

(2010. 9. 15.)

엘리자베스 테일러와 오드리 헵번

새까만 눈동자의 아가씨
겉으로는 거만한 것 같아도
마음이 비단같이 고와서
정말로 나는 반했네
얼굴만 예쁘다고 여자냐
마음이 고와야 여자지
(이하 생략)

쾌남 가수 남진이 불렀던 노래 가사 한 토막이 떠오른다. 지난봄 고등학교 동창 모임에 부부 동반하라는 통보를 받았다. 여느 때보다 초조한 시간이 흘렀다. 한참 만에 나타난 아내에게 무얼 차리기에 그토록 늦느냐고 짜증스런 말을 던졌다. 아내는 화사한 얼굴로 "자고로 여자는 멋을 내야 하는 거야. 여자는 울면서도 거울을 본다

잖아요!" 그렇지만 마음이 고와야 여자지! 얼굴만 예쁘다고 여자냐?

학창 시절의 정을 쌓아 온 지도 어언 40년에 5년을 더한 모임이라 유달리 관심이 간다. 나이가 들어갈수록 젊게 보이려는 여성의 본능은 어쩔 수 없는 것 같다. 여자는 역시 아름다워야 한다. 그리고 마음이 고와야 더 아름답다.

일찍이 로마의 시저를 죽음에 이르게 한 이집트의 여왕 클레오파트라나 핸드백이 900여 개, 구두가 3,000켤레가 있었다는 필리핀의 퍼스트 레이디였던 이멜다 마르코스 여사는 아주 빼어난 미인이라고 한다. 그러나 아름다운 여자라고는 하지 않는 것 같다.

나는 감수성이 예민했던 젊은 시절에 감명 깊게 보아온 영화 중 〈로미오와 주리엣〉, 〈누구를 위하여 종을 울리나〉, 〈모정〉 등이 아직도 머리에 맴돌고 있다. 그 중에서도 항상 가슴속에 머물러 동경의 대상으로 다시 보고 싶은 영화는 오드리 헵번과 그레고리 팩이 주연한 〈로마의 휴일(Roman Holiday)〉이다.

세상물정을 모르고 천방지축 뛰어다니는 소국의 공주 역할을 맡은 오드리 헵번은 이 영화를 통해 아카데미 여우주연상을 수상하고 일약 최고의 스타가 되었다. 그레고리 팩과 로마를 구경하며 돌아다니는 장면에서 헵번은 특유의 아름다움을 과시하였다. 청순하면서도 가련한 외유내강형의 이미지를 보여준 헵번이다.

그녀는 〈전쟁과 평화〉, 〈녹색의 정원〉, 〈티파니에서 아침을〉 등에서 때로는 깜찍한 아가씨의 이미지로, 때로는 고상한 기품을 지닌 여인으로 나와 인기를 누렸다. 겉보기에는 약하지만 남자에게 호락호락 넘어가지 않는 자의식이 강한 여성상을 보여 주었다. 이러한 캐릭터는 만년의 헵번이 유니세프 사업에 발 벗고 나선 것과 무관하지 않다고 본다.

그녀는 할리우드를 대표하는 영원불멸의 배우 마릴린 먼로처럼 육감적이고 풍만한 몸매로 뭇 남성들을 사로잡는 육체파 여배우가 아니다. 그녀는 오직 섹스어필이 아닌 청순한 이미지로 세계적인 스타가 되었다.

관능적인 배우 엘리자베스 테일러는 평생을 멋진 남자들과 아름다운 보석에 싸여 화려하게 살았다고 한다. 서양 사람들의 미의 기준으로 볼 때 참으로 예쁜 얼굴이다. 그와 반대로 헵번은 20인치의 가는 허리로 모든 남성들을 매료시키기에 충분했다. 그 사슴 같은 눈망울과 때 묻지 않은 순수함이 영원한 미가 아닐까? 외모보다 마음을 아름답게 가꾼 헵번이 진실한 미인이라고 느껴진다.

"어린이 한 명을 구하는 것은 축복입니다. 어린이 백만 명을 구하는 것은 신이 주신 기회입니다." 소말리아에서 인류의 연인으로 기억되는 영화배우 오드리 헵번의 말이다. 온갖 영예를 안고 은막에서 은퇴한 후, 유니세프unicef 친선대사로 에티오피아, 방글라데시, 베트남 등 기아에 허덕이는 아프리카 어린이들을 돕는 데 자신을 바치고, 그것을 인생의 목적으로 삼았다.

2006년, ≪데일리 미러≫지에 세월이 흘러가도 가장 아름다운 여인 1위로 선정되었다. 1999년 American Flim Institute에서 선정한 '지난 100년간 가장 위대한 100명의 스타' 중 3위에 올랐다. 은막의 천사 오드리 헵번은 얼굴만큼이나 아름다운 영혼을 지닌 사람 같다. 63세에 장암으로 세상을 떠나기 1년 전, 아들에게 남겨준 글은 너무나도 인간적인 말로 가슴 찡하다.

아름다운 입술을 갖고 싶으면 친절한 말을 하라.

사랑스러운 눈을 갖고 싶으면 사람들에게서 좋은 점을 보아라.

날씬한 몸매를 갖고 싶으면 너의 음식을 배고픈 사람과 나누라.

아름다운 자세를 갖고 싶으면 너 자신이 혼자 걷고 있지 않음을 명심해서 걸어라.

사람들은 상처로부터 복구되어야 하며 무지함으로부터 교화되어야 한다.

모든 사람은 고통으로부터 구원받아야 하고, 결코 누구도 버려서는 안 된다.

네가 나이 들어 손이 두 개라는 것을 발견하게 되면 한 손은 너 자신을 돕는 손이고, 또 한 손은 다른 사람을 돕는 손이 되어야 한다.

오드리 헵번은 그야말로 어렵고 힘든 사람들과 함께한 은막의 천사다. 비록 나이 많은 여자라도 여자로서의 미를 포기하지 말아야 한다. 보톡스나 온갖 수술로 노년을 보내는 엘리자베스 테일러보다 마음을 아름답게 가꾼 오드리 헵번이 진정으로 아름다운 미인이 아닐까? 여성의 아름다움은 결코 얼굴에 있는 것이 아니라 사랑을 간직한 영혼에 있다고 본다.

(2009. 8. 3.)

억지로라도 웃으며 살자

봄꽃들의 잔치 속에 신록이 날로 푸르러가는 5월이다.

계절의 여왕 5월은 어린이날을 비롯해서 어버이날, 스승의 날, 성년의 날과 함께 부부의 날이 있는 가정의 달이다.

오늘은 37회째 맞는 어버이날이다. 덕진노인복지회관의 초대로 전북대 안에 있는 삼성문화회관을 찾았다. 부지런한 노인들이 이미 자리를 꽉 채우고 있었다. 나는 맨 앞자리 내빈석 옆에 자리를 잡았다.

전면 현수막에는 '전주시 출범 60주년, 제37회 어버이날 기념, 어머님, 아버님! 고맙습니다. 존경합니다. 사랑합니다.'라고 씌어 있었다.

시간이 되자 전주시청 사회복지과장의 사회로 기념행사가 진행되었다. 먼저 식전 행사로 TV에 자주 출연했던 코스모스문화예술

봉사단에서 활동하는 웃음바이러스 강사 코미디언 한창욱이 등장했다. 짜리몽땅한 체구에 꺼벙한 가발을 쓰고 바랑이 같은 치마저고리에 굽이 낮은 검정 신발을 신고 절룩거리며 무대에 올랐다. 모든 관중들은 이 노파 각설이를 보자마자 폭소를 터트리며 박수갈채를 보냈다. 그는 마귀할멈 같은 괴성으로 청중을 사로잡았다.

나는 젊었을 때 너무나 예쁘고 섹시해서 시집을 네 번이나 갔었는데 첫 번째 각시한테서 난 아들이 전주시장 송하진이고 두 번째 각시가 난 아들은 4·29 재선거에 당선된 신건이며 세 번째 각시가 난 아들은 정동영 국회의원이라고 자랑하고 마지막에는 막내딸인데 나보다 두 살 더 먹은 바로 이 앞에 와 있는 할머니라고 해서 뱃살을 거머쥐고 웃었다. 손바닥이 아프도록 박수를 보내는 나에게 가까이 와서 몇 살이냐고 물었다. 나는 이제 겨우 47세라고 했더니 왜 젊은이가 그렇게 갔느냐고 해서 또 한 번 웃었다.

그가 뒤로 돌아서서 치맛자락을 벌리고 벽을 쳐다보면서 인사를 할 때는 빨간 삼각팬티를 걸치고 있었다. 호박 같은 엉덩이가 굼실굼실 애교를 떠는 장면으로 다시 한 번 웃겼다. 신나게 박수를 치는 사람은 천년만년 살 것이고 그렇지 않은 사람은 제 명대로 살다 가든지 말든지 나는 모른다는 식으로 박수를 유도하면서 시종 관중을 웃겼다. 한창욱은 전북이 낳은 보배로운 웃음치료사다.

일노일노一怒一老 일소일소一笑一少라, 한 번 화를 내면 그만큼 늙고 한 번 웃으면 그만큼 젊어진다는 명언이 생각난다. 할 수만 있다면 웃고 살아야 한다. 억지로라도 웃고 살아야 한다. 하하하, 호호호, 히히히……. 웃음은 기분을 좋게 하고 몸과 마음을 상쾌하게 하는 효과가 있다.

웃음은 병도 치료한다고 한다. 웃으면 그만큼 우리 몸에 엔돌핀이 생겨 즐겁고 건강해진다고 한다. 갓난아기는 하루에 400번이나 웃는다. 낭랑 18세의 예쁜 처녀는 굴러가는 말똥만 보고도 웃는다는 말이 있다.

우리나라에는 서울대학병원에 한국웃음치료연구센터가 있다고 한다. 의료인과 환자를 위한 웃음치료센터가 있다는 게 얼마나 다행인지 모른다.

웃음이란 반갑고 즐거워 재미가 있을 때면 몸짓과 소리로 나타내는 아름다운 표현이다.

개그맨이 꾸며내는 TV장면을 보면서 폭소를 터트리고, 얼음판에 쓰러지는 사람을 보고 입을 가리면서 웃음을 참지 못할 때가 있다. 어린아이의 귀여운 방귀 소리에도 밝은 미소를 숨길 수가 없다.

우리가 살아온 과거는 고달픈 삶의 역사였다. 끊임없는 외부의 침략과 내환으로 가난과 시련 속에 즐거운 일보다 고통스럽고 슬픈 일이 더 많았다. 온갖 수난을 겪어온 우리 민족은 웃음과는 멀리 살아 온 게 아니었을까? 그래서인지 우리나라 사람들의 인상은 항상 밝은 표정보다는 어두운 표정이다.

선진국 사람들은 대부분 표정이 매우 밝다. 호텔이나 공원에서 만나는 낯선 사람에게도 밝은 미소로 인사하는 장면을 접할 때 정말 마음이 즐겁고 편안하다. 우리나라 사람들도 다 그렇게 예의 바르고 정답게 살아가야 할 텐데…….

영화배우이자 감독인 찰리 채플린은 희극의 제왕이다. 웃음과 눈물로 연기를 보여준 그는 특유한 몸짓이나 무언의 코미디로 인간성에 대한 모독이 없이 편안하게 웃고 즐기게 한다. 그야말로 희대의 웃음치료사였다. 80세에 아이를 낳는 건강을 과시하고 90세에 가깝도록 살았다 하니 가히 웃음의 효과를 짐작하고 남음이 있다.

우리가 큰소리로 웃을 때에는 많은 엔돌핀이 생긴다고 한다. 엔돌핀은 몰핀주사의 200배가 넘는 효과가 있다고 한다. 우리 몸에서 생성되는 엔돌핀은 정신적 육체적인 고통을 치유해주고 항암의 효과까지 있다고 하니 웃음이야말로 만병통치의 영약이 아니고 무엇인가.

웃음치료! 웃음이 사람의 병을 치료한다. 웃음, 이것이야말로 21세기 신약이 아닐 수 없다.

"웃으면 복이 온다."

웃으며 사는 사람이 건강한 사람이요, 사회를 밝게 하는 행복한 사람이다. 우리 모두 마음껏 웃으면서 살 일이다. 그래서 9988이란 우리의 소망을 이루면 좋겠다.

(2009. 5. 9.)

나는 무슨 말을 남겨야 하나

산곡을 헤매던 영혼이 바다 기슭에서 방황하다가 허공으로 사라져가는 삶의 모습을 바라본다. 신神이 내려준 운명 앞에서 순한 양처럼 그저 옷을 벗어야 하는 마지막 순간을 그려본다. 거기 빈손으로 왔다가 빈손으로 가는 생의 의미를 깨닫는다.

지난날 많은 성현들이 숱한 일화를 남겨 후세 사람들의 거울이 되어 왔다. 이렇게 성인군자들은 인류 역사를 통해 영원한 빛이 되었다.

일찍이 "너 자신을 알라."라고 외친 소크라테스는 아테네 청년들에게 정의와 진리를 일깨우다가 반대파의 모함에 말려 제자들이 지켜보는 가운데 "악법도 법이다."라면서 독배를 마셨다. 이는 그의 인생철학을 밝혀 준 것이다. 그래서 플라톤을 비롯한 수많은 제자를 길러 마침내 만인의 철학자가 되었다. ≪플라톤의 대화≫는 스승과 제자 사이의 영원한 진실의 대화라고 생각된다.

자왈子曰, 위선자僞善者는 천보지이복天報之以福하고 위불선자爲不善者는 천보지이화天報之以禍이니라. 곧 착한 일을 하는 사람에게는 하늘이 복을 주고 악한 사람에게는 재앙을 준다는 공자의 말씀이다. 중국 춘추시대 노나라에서 태어난 공자孔子는 인仁을 사상의 근본으로 하여 유가儒家의 창시자가 되었다. 제자 양성에 큰 뜻을 두고 사람이 지켜야 할 윤리도덕을 가르친 교육과 사상은 후세에 커다란 교훈을 남겼다.

왕자로 태어난 석가모니는 보리수 밑에서 대각견성大覺見成하여 자비慈悲를 통해 불심佛心을 설파하고 극락왕생을 구했다. 또한 유대나라 작은 말 구유에서 태어난 예수 그리스도는 33년간의 짧은 생애를 통하여 "서로 사랑하라."는 기독교의 박애정신博愛精神을 수훈으로 남겼다. 그리고 십자가에 못 박혀 죽었으나 죽음에서 다시 태어나는 부활의 소망을 안겨 주었다. 20세기 마지막 성웅이었던 인도의 마하트마 간디는 한 폭의 옷자락만 걸치고 말보다 훨씬 강한 비폭력 무저항주의로 위력을 보여주었다.

우리나라에도 정치나 종교계를 통해서 우리의 가슴을 울린 성현들이 많다. 1993년 11월에 입적하신 성철 스님은 "산은 산이요, 물은 물이다. 산처럼 쌓인 죄업을 어찌 다 갚으리오." 하는 뜻깊은 유언을 남겼다. 진실된 삶을 통해서 모든 사물의 본질만을 보라는 의미가 아닌가 한다.

"고맙습니다. 서로 사랑하세요."

우리에게 빛을 주고 간 거룩한 바보 스테바노 김수환 추기경은 세상의 어둡고 낮은 곳을 찾아 사랑을 몸소 실천한 사람이다. 스스로 바보라 칭한 그 말씀을 통해 한층 더 맑고 깊은 배움을 얻게 된다. 어떻게 살아야 할 것인가를 일깨워 주는 말이다. 힘들게 살아가는 사람들에게 그야말로 희망의 메시지를 보내주었다.

민주주의 최후 보루인 바보 별님, 노무현 전 대통령은 이런 말을 했다.

"사람 사는 세상을 꿈꾼다."

"저는 따뜻한 대통령으로 기억되고 싶습니다."

"삶과 죽음이 한 조각의 자연인 것을."

참으로 의미 있는 말과 함께 그의 유언에 따라 작은 빗돌 하나로 남겨졌다.

"행동하지 않는 양심은 악의 편이다."

"죄는 미워하되 사람은 미워하지 말라."

이 말씀은 정의가 강물처럼 흐르기를 갈망하던 고 인동초 김대중 대통령의 어록이다. 수차 사선을 넘은 인동초는 원수까지 용서했다. 노벨평화상을 수상하기까지 동서화합과 남북 간의 화해분위기 조성, 평화통일을 추구해온 위대한 민주투사로 행동하는 양심을 보여주었다.

금년 봄에 입적하신 법정法頂 스님은 참으로 많은 일화를 남겼다. 맑고 향기롭게 살다 가신 법정 스님은 ≪無所有≫를 통해 현대를 살아가는 모든 사람들에게 많은 깨우침을 주었다.

"내가 사는 것은 나 자신의 영혼과 얼마나 일치하는가이다."

"최선을 다해 사는 것은 삶의 놀라운 신비요, 아름다움이다."

"무소유란 아무것도 갖지 않는다는 것이 아니라 불필요한 것을 갖지 않는다는 뜻이다. 우리가 선택한 맑은 가난은 부보다 훨씬 값지고 고귀한 것이다."

정말 향기로운 삶에서 나온 말이다. 법정 스님은 마지막 유언을 통해 번거로운 다비식 절차를 간소화시켰다. 생전에 출판했던 작품들을 더 이상 출판하지 말라 하고 사리도 찾지 말 것이며 탑도 세우지 말라 했다. 그야말로 홀로 사는 즐거움 속에서 맑고 향기롭게 사는 지혜를 가르쳐 주었다. 법정 스님의 입적은 이 세상의 영멸이 아니다. 그가 보여준 많은 실천적 의지를 배워야 하려니 싶다.

나는 이제 무슨 말을 남겨야 할까? 선인들은 값지고 아름답게 살아온 넋이 배어 있기에 깊은 의미가 담겨 있는 말을 할 수 있다고 본다. 그들이 살아온 발자취가 곧 고귀한 뜻을 지닌 말이 아닌가! 우리는 우리 얼굴을 만들어가는 책임이 있다. 정말 지혜로운 삶이 아쉽다. 순간순간의 삶이 맑고 밝은 생이어야 할 것이다. 자연의 순리를 따라 곱게 살아가는 것이 아름다운 모습이리라. 어쩌면 이것이 행동으로 보여주는 내 양심의 소리가 아닐까? 그 양심의 소리가 곧 내가 남겨야 할 말이 될 것이다.

(2010. 7. 7.)

꿈과 희망을 키우는 알뫼[卵山] 누리

입춘이 지났다지만 아직도 칼바람이 안섶을 파고든다.

어린 시절 꿈과 희망을 키우던 배움의 요람 알뫼 누리를 찾았다. 모교인 난산초등학교 제65회 졸업식 안내를 받고 장학금 전달을 위해서였다. 새롭게 단장된 학교 건물이 마치 예술작품처럼 아름답게 보였다. 70년의 역사와 전통을 자랑하는 모교의 우거진 송림이 반갑게 맞아 주었다.

난산초등학교는 기독교장로회 난산교회 설립자인 박윤성 장로가 세웠다. 1922년에 사재를 털어 붉은 벽돌로 현대식 2층 건물을 지어 교회를 설립하고 교실 4칸을 교회에 헌납하여 신광학교를 개설하였다. 암흑 속에 살고 있던 학생들은 이 학교에서 새로운 문명세계를 만날 수 있는 계기가 되었고 기독교 사상을 배우면서 지역 일꾼으로 자랐다. 초대학원장 이춘원 목사에 이어 1934에는 미국선교사 서국태 목사가 원장의 책임을 맡았었다. 중일전쟁을 일으킨 일제는 교육령을 개정하고 학교 이름도 일본식으로 고치려 하였다. 그리고 조선학생의 황국신민화와 민족말살 정책인 신사참배를 강요하였다. 이때 신사참배를 반대하여 폐교를 당하고 말았다. 그러나 뜻있는 지역사회 인사들이 신광학교 건물을 인수해서 '사립난산학술강습소'를 설립하여 교육을 이어갔다.

(참고 : ≪전북개신교 100년사≫, 박윤성 장로 공적비)

1941년 3월 13일에 "난산공립소학교"로 설립인가를 받아 개교준비를 하였다. 그해 4월 1일에 교육령 개정에 따라 "난산공립국민학교"라 개칭하고 4월 18일에 80명의 학생을 수용하여 꿈에도 그리던 배움의 문을 열었다. 현 위치는 선각자인 독지가들의 성금으로 1942년 5월 10일에 이전하였다. 난산초등학교는 일제강점기에도 뜻있는 지사들의 헌신적인 노력으로 오늘의 역사를 이어왔다. 이제 65회 졸업식을 기해 5,054명의 인재를 배출하였다. 실로 감개무량하다. 우리 동문들은 정치계와 교육계, 종교계 등 각 분야에서 활동하면서 모교를 빛내고 있다.

세월이 빨라 벌써 10여 년 전 일이다. 전군번영로에 벚꽃이 한창 피어나던 2001년 4월 14일, 난산초등학교 개교60주년 기념행사가 있었다. 나는 모교 4회 졸업생으로 동창회장의 책임을 지고 모교 출신인 김길남 전 교장과 함께 60주년 기념행사를 추진하였다. 졸업연도 회기별 임원진과 함께 사전 계획을 수립하고 총회의 결의를 얻어 경향 각지에 흩어져 있는 동문들을 찾아 동의와 협력을 구했다. 그 결과 예상했던 것보다 두 배에 가까운 성금이 모아졌다. 정말 획기적이었다.

모교를 사랑하는 마음이 하나로 꽃피워졌다. 그야말로 21세기를 맞는 벽두에서 60주년을 자랑하는 기념탑(교가를 새긴 석탑)이 교정에 우뚝 세워졌고 다목적강당에 교육용 멀티비전과 온풍기 등을 설치하였으며 장학금까지 전달하였다. 사랑스런 후배들이 등교할 때마다 기상을 드높이고 희망찬 미래를 개척해 나가기를 기원했다. 진정으로 우리의 모교 알뫼 누리에서 오랜 전통과 아름다운 교풍을 진작하고 후세 천 년의 꿈이 이루어지기를 바란다.

매년 학년 말을 기해 졸업식이 있다. 금년에는 특별히 "보내는 마음 떠나는 마음"이라는 프로그램을 마련하여 학교생활의 이모저모를 되돌아보는 영상을 시청하였다. 졸업생에게는 영원한 추억을 담아갈 수 있는 계기가 되었다. 식순에 따라 장학금을 전달하고 선배라는 입장에서 축사를 했다.

제2차 세계대전을 승리로 이끌어낸 영국의 처칠 수상의 일화를 들려주었다. "처칠은 결코 천재가 아니었습니다. 육군사관학교 시험에 두 번이나 실패했지만 세 번째 도전해서 합격하였습니다. 그는 끈기와 노력으로 장관 등 요직을 거쳐 마침내 대영제국의 수상이 되었고 ≪제2차 세계대전≫을 집필하여 노벨문학상까지 받은 정치가요 문학가였습니다. 어느 날 영국 최고의 옥스퍼드대학 졸업식장에서 축사를 하게 되었습니다. 그는 수많은 하객들 앞에 등단하여 가장 짧고 멋있는 축사를 남겼습니다. '여러분! 포기하지 마세요. 절대로 포기하지 마십시오.'" 하고 단에서 내려왔습니다. 이 세상에서 가장 불쌍한 사람은 희망이 없는 사람이라고 했습니다.

여러분! 큰 희망을 가지고 힘차게 전진합시다. 내일의 밝은 태양은 솟아올지라도 소중한 오늘은 두 번 다시 오지 않습니다. 날마다 새롭게 태어나는 난산동문으로 지역사회 발전과 나라를 사랑하는 동량이 되어 주기를 바랍니다.

(2011. 2. 11.)

---

* 알뫼는 난산[卵山] '알을 낳는 산'이라는 의미.

그림보다 의미 있는 이야기

– 루벤스作 〈시몬과 페로〉

보이는 게 전부가 아니듯 흔히 보는 그림도 숨은 이야기를 알고 보면 그 재미가 더해진다. 7월의 태양 아래 뜨겁게 달궈진 심신을 달래주는 그림 한 폭을 감상하면서 감미로운 느낌을 감출 수가 없었다.

푸에르토리코의 국립미술관 입구에는 화가 루벤스의 작품인 〈노인과 여인〉이라는 그림 한 폭이 걸려 있다. 푸른 수의를 입은 노인이 젊은 여자의 젖을 빠는 해괴한 장면이다. 관객들은 노인과 젊은 여인의 부정한 애정행각에 불쾌한 감정을 갖는다. 그러나 손이 뒤로 묶인 채 안타까운 모습으로 젖을 먹고 있는 노인은 푸에르토리코의 자유와 독립을 위해 싸운 투사였으며 젊은 여인은 그의 딸이었다. 당시 독재정권은 이 노인에게 잔인한 형벌을 내렸다. 바로 음식투입 금지령을 내려 굶어 죽도록 하는 것이다. 그때 딸은 해산한 지 얼마 되지 않았는데 감옥을 찾아 간수에게 간청하여 아버지의 임종을 보도록 했다. 그리고 마지막 파리하게 굶어 죽어가는 아버지에게 젖을 물린다. 이 작품은 부녀간의 사랑과 헌신, 애국심이 담겨 있는 숭고한 그림이다.

루벤스Rubens는 벨기에 플랑드르의 위대한 화가다. 그는 서양 미술가들의 여러 기법을 잘 소화해서 가장 많은 작품을 창조한 화가로 바로크미술의 감각적인 풍만함을 잘 보여준다. 그는 17C 플랑드르 미술의 최고 거장이며 최초로 한국인을 그린 서양화가이기도 하다.

시몬과 페로(Simon and Pero) 이야기는 서양 고전에서 효심의 실례로 많이 거론되었으며 16C~18C에 이탈리아, 네덜란드 명화에 자주 등장하는 주제이다. 우리나라 고전에도 효녀 심청이 아버지의 눈을 뜨게 하려고 공양미 삼백 석에 몸을 팔아 인당수 푸른 물에 몸을 던진 설화가 전해온다. 효孝는 동서고금을 통해 만고의 진리요, 윤리도덕의 근본이 되는 것이다.

나는 학창 시절에 조각가 로댕의 〈생각하는 사람〉이나 세계적으로 유명한 미술가들의 작품을 좋아한 편이었다. 르누아르의 초상화와 나부, 한스할스의 〈노래하는 소년〉, 어느 작가의 〈만도린을 든 집시의 여인〉 등 내가 즐겨 읽던 책갈피나 일기장에 드문드문 좋은 그림을 끼워 두었었다.

르네상스 시대를 빛냈던 예술의 거장들을 상상해 본다. 〈최후의 만찬〉과 〈모나리자〉를 그린 레오나르드 다빈치, 아들 예수의 주검을 안고 비탄에 잠겨 있는 성모 마리아의 애절한 장면을 그린 미켈란젤로의 〈피에타pieta〉는 너무나도 위대하고 숭고한 작품이다.

37세에 권총 자살로 짧은 생애를 마친 후기 인상파 반고흐는 귀가 잘린 자화상과 함께 정열적인 붓놀림으로 노란색 〈해바라기〉를 그려 놓았다. 또한 20C 천재 화가 피카소 역시 〈피리를 부는 목신〉, 〈꽃을 가진 여자〉 등 훌륭한 작품들을 남겼다.

고전적인 우리 민화에는 자연을 숭배하는 신선사상으로 장수와 부귀를 소망하는 작품이 많다. 조선 후기에 활동하던 대표적인 화가 단원 김홍도의 〈진경산수화〉, 〈삼강오륜행실도〉와 신윤복의 풍속화인 〈산행〉, 〈나룻배〉 등은 아직도 명화로 남아 우리의 가슴을 설레게 한다.

지난해 여름 노적봉을 자랑하는 유달산과 삼학도가 펼쳐진 목포항에 들러 한국화를 개척한 남농南農 미술전시관을 관람하였다. 조선시대부터 4대에 걸쳐 화가를 배출한 명가, 남농南農 허건許楗의 훌륭한 작품을 감상할 수 있었다. 〈삼송도三松圖〉를 비롯해서 남해안 한려수도를 배경으로 그린 작품들, 한국화의 새로운 가치를 높여주는 산수화를 감상하면서 뜨거운 감동을 받았다.

모든 예술 작품들이 때로는 난해한 것들이 많아 오해를 받는 경우도 적지 않다. 사람들은 가끔 사물의 본질을 파악하지 않고 비난하는 우遇를 범하는 때가 있다. 본질을 잘 알면 시각이 달라진다고 한다. 교만과 아집, 편견을 버릴 때 세상 모든 사물의 진실이 바로 보이려니 싶다.

아무리 좋은 그림도 내가 느끼지 못하면 그 이면에 숨어 있는 깊은 의미를 알 수 없다. 인생은 짧고 예술은 길다고 하지 않던가? 사물의 진실도 그에 못지않게 영원하리라.

제3부

전주에는 얼굴 없는 천사가 있다

전주에는 얼굴 없는 천사가 있다

오른손이 행한 선행을 왼손이 모르게 하라는 성경 구절이 떠오른다. 모든 인간은 다 본능적인 욕망을 갖고 있다. 선천적으로 타고난 식욕과 성욕, 그리고 물질적인 욕망과 명예욕이 그것이다. 그 중에도 물질적인 욕망은 끝이 없다. 속담에 아흔아홉 섬 가진 자가 백 섬을 채우려고 욕심 부린다는 말이 있지 않던가?

옛날 어느 의좋은 형제 이야기가 생각난다. 자기 논에 있는 볏단을 밤새도록 나르고 있었다. 형은 아우의 논에 아우는 형님의 논에 열심히 옮기다가 날이 밝자 서로 만나 형제간에 얼싸안고 우정을 나누는 장면을 보고 가슴 찡했던 감동이 새삼스럽다.

해마다 차가운 바람이 옷깃을 여미게 하는 연말이 오면 크리스마스 캐럴과 구세군의 종소리가 울려 퍼지는 가운데 불우이웃돕기 운동이 전개된다.

자원봉사자들의 활동도 눈부시다. 소외계층과 어두운 곳을 밝히는 따뜻한 손길이 시청자들의 가슴을 온화하게 해준다. 나눔 1% 이웃돕기 성금이 경향 각지에서 답지해 흐뭇하다. 정치적인 혼란과 경제적인 불황 속에서도 안방까지 찾아오는 정다운 감동이다. 독거노인 집에 연탄을 배달하고 장판도 새로 깔아준다. 이렇게 고마울 데가 어디에 있느냐고 눈시울을 적시는 노인을 볼 때 아직도 우리 사회는 인정이 메마르지 않았구나 싶어 안도한다. 참으로 오랜만에 만나는 감동적인 드라마다.

나는 오늘 아침 신문에 대서특필로 소개된 '얼굴 없는 천사'에 대한 기사를 읽었다. 전주시 노송동 자치센터에 전해온 이웃돕기 성금이야기다. 어머니의 유지를 받들어 불우한 이웃을 도와달라면서 돼지저금통과 함께 팔천만 원이 넘는 거액을 보내준 '얼굴 없는 천사'. 10년 전부터 매년 수백만 원에서 수천만 원을 어려운 이웃에게 써 달라며 소리 없이 선행을 베풀어 왔다. 지난 12월 28일에 8천26만 5천920원을 은행이자까지 한 푼의 에누리도 없이 그대로 보내주었다는 기사다.

돈이 든 상자에는 "대한민국 모든 어머님이 그러셨듯이 저희 어머님께서도 안 쓰고 아끼며 모으신 돈이랍니다. 어머님의 말씀대로 어려운 이웃을 위해 쓰였으면 합니다. 새해 복 많이 받으세요." 또 어머님! 존경합니다. 어머님께 사랑합니다 라고 전하고 싶다는 글을 남겨 주위를 애틋하게 했다. 전주시는 노송동사무소 일대를 '얼굴 없는 천사의 거리'로 정하고 기념 표지석을 세우기로 했다고 한다.

선진국에서는 기업가들이 자손들을 위해서 많은 재산을 유산으로 남겨주기보다는 사회에 환원하고서 보람을 찾는다. 한 언론인이 펴낸 ≪아름다운 부자 척 피니≫라는 책에는 많은 부자들이 본받아야 할 척 피니의 아름다운 삶이 그려져 있다. 그는 한국전 때 공군으로 참전한 바 있다. 주류사업으로 억만 장자가 되어 자선사업과 기부로 미국인의 존경과 사랑을 받았다. 25년간 4조 원에 이르는 엄청난 돈을 남몰래 기부하면서도 '오른손이 한 선행을 왼손이 모르게' 했기 때문에 그의 숭고한 행위가 빛을 보게 된 것이다. 척 피니는 이런 말을 했다. "내게는 절대로 변하지 않는 생각이 하나 있습니다. 다른 사람을 위해서 부를 사용해야 한다는 겁니다. 돈을 쓰는 것이 중요한 문제가 아니라 돈을 의미 있게 쓰는 것이 더 중요한 문제입니다." 로이터 통신은 미국에서 가장 위대한 자선 사업가는 170억 달러 이상을 기부한 마이크로소프트 황제 빌게이츠 회장도 아니요, 전 재산의 85%를 기부한 전설적인 투자자 워런 버핏도 아니며 아일랜드계 자선사업가 척 피니에게 그 영광을 돌려주어야 한다고 보도했다. 척 피니는 40억 달러의 자산을 10년간에 걸쳐 모두 기부할 계획을 가지고 있어 '살아 있는 동안의 거부'라는 새로운 기부문화를 만들어가고 있다.

그러나 우리나라의 재벌들은 어떠한가? 황금의 노예가 되어 치부에만 정력을 쏟을 뿐 아니라 어린 손자에게까지 재산을 남겨주고 있다. 어찌 그뿐인가. 권력형 부정축재자들은 외화를 빼돌리기에 정신이 없는 것 같다. 한때 우리나라에도 재벌들의 기부행위가 없었던 건 아니다. 현대기아차의 정몽구 회장이 1억 원을 사회에 기부하겠다고 해서 화제에 오르기도 했고, 삼성그룹에서는 8천억대의 재산을 내놓은 사례가 있다. 그러나 이러한 기부행위가 그 진정성이 느껴지지 않는다는 데 문제가 있다. 재벌들의 기부는 반대급부를 바라거나 생색을 내는 일이 되어서는 아무 의미가 없다. 기업인은 일궈온 재산을 사회에 환원할 줄 알아야 한다.

평생을 홀로 지내온 74세의 조영덕 할머니가 식당을 하면서 어렵게 모은 돈 20억 원을 외국어대학에 선뜻 기부한 예는 우리에게 큰 감동을 준다. 조영덕 할머니는 가난해서 공부하지 못하는 학생에게 장학금이 돌아가야 한다고 했다.

또한 4년여에 걸쳐 62억 원이 넘는 재산을 불치병을 앓고 있는 아이들에게 기부한 얼굴 없는 천사 이남린 씨도 있다. 이씨는 우리나라에도 기부문화가 퍼졌으면 좋겠다는 바람이었다. 이 외에도 숨은 천사들이 많다.

김밥 할머니, 삯바느질 아주머니들이 어려운 형편에서도 힘들게 모은 재산을 사회에 기부하는 사례가 심심치 않게 보도되어 살맛이 나는 세상이구나 하는 생각에 잠긴다.

IMF위기를 당했을 때다. 전국적으로 금 모으기에 참여한 사람들은 재벌가들이나 큰소리치던 정치가들, 중앙에 있는 장차관들보다 오히려 소외계층인 서민이나 말단 공무원들이었다. 나 역시 얼마 되지 않는 금반지를 헌납한 적이 있다. 부끄러울 정도로 적은 정성이지만 구국운동에 참여한 셈이다.

온 국민의 밀알 같은 애국심이 마침내 경제 위기를 극복해내지 않았던가?

우리 민족은 위기에 강한 민족이다. 망국의 분노를 참지 못해 태극기를 들고 대한독립만세를 외치며 일어선 3 · 1운동이나 광주학생사건, 자유당의 독재정권을 종식시킨 4 · 19혁명과 5 · 18광주민주항쟁은 모두 애국선열들의 구국 운동이었다. 이처럼 온 국민의 가슴속에 열화와 같이 불타고 있는 애국심이 한데 모아질 때 이 나라는 평화롭고 행복한 나라가 되리라 믿는다.

나는 헌신적으로 활동하는 자원봉사자들을 존경한다. 자신보다 불우한 이웃을 위해 사랑하는 마음을 갖는다는 것은 얼마나 고귀한 정신인가? 고아원이나 양로원 등 소외된 곳에서 어둡게 살아가는 노인들을 찾아가 위로하고 격려해주는 장면을 볼 때마다 가슴이 뿌듯해진다. 장애인의 몸을 손수 씻겨주고 불편한 활동을 도와주는 장면은 너무나도 아름답다. 암으로 고생하거나 노인성 환자들이 편안한 임종을 맞도록 돌봐주는 호피스들은 마치 구원의 천사 같다. 또한 연예인들이 자선공연을 하거나 사랑의 리퀘스드를 통해 두메산골 오지를 찾아 어려운 사람들을 도와주고 희망과 용기를 심어주는 모습을 볼 때 안방까지 훈훈한 감동을 받는다. 이 모두가 사랑으로 하나되는 기쁨이 아닌가 싶어 그저 감사할 뿐이다.

정치적인 혼란과 사회적인 불안, 경제적인 위기 속에 다사다난했던 한 해가 저물어가는 이 순간, 어둠을 헤치고 밝은 태양이 힘차게 떠오르는 경인년이 반갑다. 새해에도 전국 방방곡곡에서 전주의 '얼굴 없는 천사'와 같은 사람들이 많이 나타났으면 좋겠다.

돈으로 시간을 살 수는 없다

"시간은 황금이다. 촌음을 아껴 써라."

신神은 인간에게 똑같이 평등한 시간을 주었다. 하루는 24시간, 한 달은 30일, 1년은 열두 달에 365일을 공평하게 주었다. 시간은 영원이라는 길 위에 쉬지 않고 달리고 있다. 인간은 그 길을 시한적으로 걷다가 중단하고 만다. 다만 이 시간위에서 어떠한 연기를 펼쳐야 할까? 그것이 우리 인생의 과제라고 생각한다.

날이 가고 세월이 흘러가면 우리 인생도 어디론지 사라져간다. 아무리 발버둥을 쳐도 시간은 우리를 기다려 주지 않는다. 가는 세월을 가로막고 붙잡을 수도 없다. 흔히 백수로 노는 사람을 시간을 낭비한다 하고 근면 성실하게 사는 사람은 시간을 번다고 한다. 하릴없이 놀지 말고 열심히 살아가라는 교훈이다.

인류 역사를 빛낸 사람들은 누구보다 시간을 아껴 쓴 사람들이었다. 다른 사람들보다 몇 배나 일을 했으니 보통 사람들보다 그만큼 시간을 더 많이 번 사람들이라 하겠다. 부질없이 시간을 소비한 사람이 성공한 예가 없고 부지런하고 성실한 사람이 패배하거나 가난하게 산 경우도 없다.

미국 32대 루스벨트 대통령은 어느 기자가 성공의 비결을 물어왔을 때 "나에게는 비결이 없다. 그저 다른 사람들보다 30분 늦게 잤을 뿐이다."라고 했다. 그토록 시간을 아껴 썼다는 말이다. 어느 날 영국의 웰링턴 공작이 고급관리와 런던다리 근처에서 만나기로 약속했다. 웰링턴은 제 시간에 와서 기다리고 있었다. 늦게 도착한 그를 보고 5분 지각이군! 시계를 보면서 말하자 다음 약속 시간에는 미리 와서 기다리고 있다가 5분 먼저 왔다고 했다. 정시에 도착한 웰링턴은 "자네는 시간의 가치를 모르는 사람이군! 5분이 아깝지 않은가?" 했다는 것이다. 또한 미국의 언론인이자 출판업자인 벤저민 플랭크린이 경영하는 서점에 한 손님이 와서 책을 들고 물었다. "이 책값은 얼마요?" "네 1달러입니다." 그러자 "조금 싸게 안 될까요?" "그러면 1달러 15센트를 주십시오."라고 했다. 손님이 좀 싸게 하자는데 더 비싸게 파는 법이 어디 있느냐고 하자 시간은 돈보다 귀한 것입니다. 손님께서는 시간을 소비했으니 책값에 시간비를 가산해야 한다고 했다는 일화는 너무나도 유명하다.

한때 코리안 타임이라는 말이 유행했었다. 우리나라 사람들이 시간 개념이 약하다는 말로 후진 민족이라는 말이다. 어떤 모임이나 행사장에서 시간을 제대로 지키지 않는 경우가 많다. 중직에 있는 사람일수록 늦게 나타나는 것을 자랑스럽게 여기는 때도 있었으니 하는 말이다. 지금도 그러한 습관이 배어 있는 기관장들이 더러 있다. 옛날이야기지만 코리안 타임을 빰치는 필리핀 타임을 말한 때도 있었다. 그 나라는 날씨가 무더워 낮 12시에 모이자는 약속이라면 으레 오후 늦게 서늘한 참에 모인다는 것이다. 1960년대에 국민소득이 우리나라보다 높았던 그 나라가 현재 우리 경제성장에 비해 훨씬 뒤떨어진 원인이 바로 시간 개념이 약했던 때문이 아닌가 싶다. 시간을 잘 지킨다는 것은 곧 그 나라 민족의 문화생활의 척도라 할 것이다. 엄격한 시간 관리는 바로 자신의 생활을 성실하게 일구어 나간다는 뜻이리라.

국가정책도 매일반이다. 1년간의 국가 예산을 편성해서 모든 시책이 제때 제대로 이루어져야만 할 것이다. 그렇지 못하면 나라가 어지럽고 사회가 불안해지기 마련이다. 시간 약속을 잘 지키는 민족은 선진화된 민족이라고 일컫는다. 소위 국가예산이 국회에서 정해진 시한 내에 통과하지 못해 경제적인 혼란을 초래해서는 안 될 것이다. 국책 사업이 제때에 이루어지지 못하고 새만금 사업처럼 삽을 뗀 지 20년이 다 되도록 완성을 보지 못한다거나 국가 균형발전을 위한다는 혁신도시나 세종시 건설계획이 정쟁에 휘말려 흐린 강물에 떠돈다면 어떻게 되겠는가? 시한을 지키지 못하면 국력만 낭비할 뿐이다. 정권이 바뀌고 장관이 바뀔 때마다 모든 시책이 변덕을 부린다면 어느 누가 정부시책을 믿고 따르겠는가? 약속을 지키지 못하는 정치인을 믿고 존경할 사람은 아무도 없을 것이다.

앞차를 놓치고 다음 차를 기다리는 사람의 초조함이나 사랑하는 연인이 만날 약속을 해 놓고 오지 않을 때의 안타까움, 운명을 건

수술환자가 병상에 누워 있을 때를 생각해 보자! 얼마나 가슴이 조이겠는가?

쇼펜하워는 이렇게 말했다. "보통사람은 시간을 낭비하고 능력 있는 인간은 시간을 이용하는 데 마음을 쏟는다."고. 시간을 어떻게 이용하느냐에 따라 운명이 달라진다. 좋은 기회를 잘 포착하는 지혜가 있어야 하리라.

시간은 신神이 우리에게 준 최대의 선물이다. 바야흐로 만물의 생동을 기약하는 봄이 찾아왔다. 새봄을 맞아 새로운 계획을 잘 세워 성실하게 실천해 가야만 할 것이다. 황금보다 귀한 시간을 아껴 쓰자! 돈으로 시계는 살 수 있으나 결코 시간을 살 수 없음을 깨달아야 하겠다.

(2010. 2. 4. 입춘에)

1억 원을 모으기보다 추억을 만들라

2010년 새해를 맞아 처음으로 방영되는 아침마당에 개그맨 윤세윤과 주철환 PD가 초대되었다.

내 인생의 별이요, 내 인생의 등불이라고 하면서 자기의 결혼식에 주례를 맡아주셨던 극작가 주철환 PD와 함께 윤세윤의 인사말로 아침무대가 환하게 열렸다.

사회자가 결혼식장에서 가장 기억에 남는 말이 무엇이냐고 물었다. "지금까지 마음속에 남아 내 꿈을 이룰 수 있는 말씀 한 마디가 있다. 바로 '1억 원을 모으기보다 추억을 만들라.'고 한 말씀이다." 참으로 멋지고 감동적인 말이다.

주철환 교수는 후배들에게 그야말로 멘토의 왕이요, 등대였다. 그에게는 학창 시절에 꿈을 심어준 은사님이 한 분 계셨다. 어느 날 담임선생님도 아닌 국어 선생님이 교내 백일장 대회에서 우수작으로 뽑힌 제 글을 보고 "네 작품이 제법이구나! 이번 교내 문학의 밤에는 네가 출연하면 좋겠다."고 하시면서 격려해 주셨다.

〈인생찬가〉를 쓴 롱펠로우는 자기의 화살이 어느 곳에 꽂히느냐에 따라 운명이 좌우 된다고 하였다. 주철환 교수는 바로 이 은사님의 칭찬 한 마디가 지금까지 가슴에 머물러 있다고 한다. 이 세상에서 제일 존경하는 스승, 나도 저렇게 훌륭한 선생이 되어야지 하는 꿈을 갖게 되었다고 한다.

스승은 인생의 안내자다. 희망한 대로 국어국문과를 나와 한때는 교단에 서 보기도 했고 극작가로서 빛을 보기도 했으며 마침내 방송인이 되었다는 것이다. 몸이 불편해서 나오지 못한 은사님과 전화로 목멘 인사를 주고받는 장면은 가슴 찡했다. "선생님! 안녕하셨어요." "응! 나도 잘 있어! 그리고 항상 자네를 지켜보고 있네."

나도 초등학교 시절, 은사님을 잊을 수가 없다. 졸업식장에서 졸업장과 함께 당신의 명함판 사진 한 장씩을 나누어 주면서 어깨를 토닥여주시던 은사님! "너는 무엇이든 잘할 수 있을 거야. 열심히 공부해라." 그 한 말씀이 오늘날까지 나를 지켜주었다고 믿는다. 세월이 살같이 흘러 그 어린 시절을 그리워하면서 살아오다 어느덧 고희를 넘긴 지 오래다. 스승과 제자는 똑같이 백발이 되었다. 그러나 아직도 은사님의 정겨운 말씀은 잊을 수가 없다.

은사님이 변산초등학교 교장으로 계실 때였다. 어느 여름날 우리 제자들을 초대하였다. 푸른 파도가 넘실대는 변산해수욕장에서 밤을 지새우며 어린아이처럼 뛰놀던 기억이 새롭다. 모래밭에 새긴 우정은 파란 물결에 씻겨 갔지만 그 아름다웠던 추억은 지금도 내 가슴에 남아 있다.

유서 깊은 고도古都 익산 변두리에서 자연을 즐기며 사시는 은사님은 미수米壽를 내다보면서도 건재하시니 참 다행이다. 나는 자주 연락을 주고받는 편이다. 지난 해에는 늦깎이로 문단에 등단했다는 내 소식을 듣고 무척 기뻐하셨다. 봄에는 시詩로 등단하고 가을에는 수필隨筆로 등단했으니 그야말로 문단에 2관왕이 되었다고 찬사를 보내와 감사한다.

"자네는 무엇인가 해낼 줄 알았네!"

스승은 언제나 제자들을 지켜보고 있다. 그러기에 옛날부터 군사부일체君師父一體라 하지 않았던가. 언제나 감사할 따름이다.

이 세상에는 빛을 남긴 사람들이 많다. 성현군자들과 위대한 과학자들은 모두 인류를 위한 등불이었다. 모세는 이스라엘의 등대였고 마하트마 간디는 인도의 등불이었다. 아인슈타인은 물리학의 횃불이요, 슈바이처는 아프리카의 등불이었다. 절망 속에 방황하는 장애인들에게 희망을 안겨준 헬렌켈러나 세계적인 악성 베토벤은 우리 인류에게 영원한 빛을 남겨 주었다.

소망에 벅찬 경인庚寅년 새해를 맞아 백호의 기백과 힘찬 기상으로 새로운 꿈을 가지고 나아가야 하겠다. 내가 꿈을 이루면 누군가에게 꿈이 되고 빛이 된다고 하지 않았던가? 많은 돈을 모으기보다 아름다운 추억을 만들면서 살아가리라.

(2010. 1. 4.)

부조리不條理

언제부터인가 내 뇌리에서 떠나지 않는 단어가 있었다. 바로 부조리不條理란 단어다. 조리가 아닌 부조리, 곧 진리가 아닌 것을 말함이다. 참된 진리는 단순하다. 그래서 진리는 아름다운 철학이라고 하는가 보다. 두 점 사이의 최단거리는 직선인 것처럼 진리는 복잡하지 않아 마음을 맑고 환하게 해주는 것 같다.

프랑스의 실존주의 작가 카뮈A,Camus는 ≪이방인異邦人≫에서 주인공 뫼루소가 작열하는 태양 때문에 살인범죄자가 되는 모순을 고민하고 있다. 장폴 사르트르J.P.Sartre는 ≪구토嘔吐≫에서 날아다니는 파리 한 마리를 잡아놓고 나는 너에게 산다는 구속에서 영원한 자유의 세계로 보낸다는 표현으로 삶과 죽음의 세계에서 방황하고 있는 장면을 만나게 된다. 여기에서 자아 발견과 인생의 실존을 확인한다.

태초에 신神이 말씀으로 천지를 창조하셨다고 한다. 그런데 그 행복의 에덴동산에 무엇 때문에 선악과를 매달아 놓았는지 모르겠다. 왜? 가인과 아벨을 통해 인간의 갈등을 낳게 했는지? 하필이면 부하를 죽이고 그 아내를 취한 다윗에게 왕권을 주었는지? 쉽게 이해가 되지 않는다. 아무래도 돌팔매 하나로 골리앗 대장을 넘어뜨린 위력이 아니었는지 모른다. 만일 현대판 솔로몬이 재판의 검을 쥐었다면 어떠한 판결을 내렸을까? 참으로 진리가 아닌 모순이 정당화되는 사회, 그 부조리가 가슴을 아리게 한다.

나는 어렸을 때 우리나라가 무엇 때문에 38선으로 갈라졌는지 몰랐다. 포츠담조약이라는 말도 알지 못했다. 그저 소련에 속지 말고 미국도 믿지 말라는 말이 유행했던 기억이 난다. 오늘날에도 공감이 가는 때가 많다. 아무리 힘없는 약소민족이라 하지만 전쟁의 노획물처럼 남북을 갈라놓고 서로 섭정을 하겠다는 정략적 논리에 분노를 느끼지 않을 수 없다. 더구나 자본주의가 무엇이며 공산주의가 무엇인지 모르는 우리에게 평화의 꿈보다 전쟁의 시련을 안겨주었으니 하는 말이다. 오늘날까지 일천만 이산가족들의 뼈저린 아픔에 목놓아 울 수밖에 없으니 참으로 한심스럽다. 이념투쟁을 일삼는 정치가들은 어쩌면 미소의 책략에 허수아비 노릇을 하고 있는 것 같아 가슴만 답답하다.

이제는 온 세계가 하나인 글로벌 시대라 한다. 독일도 동서의 장벽을 털어버린 지 오래다. 우리가 8·15광복을 맞은 지도 벌써 회갑을 지나 고희의 언덕을 향하고 있다. 피비린내 나는 6·25 동족상잔의 비극도 57년의 세월이 흘러가고 있다. 잊을래야 잊을 수 없는

6·25의 참상, 19만 명에 달하는 전몰장병과 34만 명에 이르는 행방불명자의 혼백이 어디를 헤매고 있는지 안타깝기만 하다.

우리 한국전란 시에 UN참전국이 16개국이나 된다. 더구나 미국의 딘 소장이 포로가 되었고 벤프리트 장군과 아이젠하워 장군, 클라크 UN사령관 아들들이 참전하여 희생을 당했다. 당시 우리나라 고관대작이나 장성의 아들들이 전방에 나가 희생을 당했다는 기록은 하나도 없다. 지금도 전쟁이 재발된다면 역시 힘없는 자녀들만 '빽'이 없어 죽어간다고 할 것이다.

일류대학을 나왔다는 엘리트들이 황금방석에 앉아 권력을 남용하면서 부정부패를 일삼는다면 이런 부조리가 또 어디에 있겠는가? 위정자들 대부분이 국토방위 의무를 이행하지 않았다고 한다. 할 수만 있다면 위장전입까지 시키면서 자녀들을 요직에 앉혀두기에 혈안이다. 어디 그뿐인가? 기업가들의 비자금과 탈세, 사기꾼이 더 잘 살고 조폭들이 아주 고급 차를 몰고 있는 우리의 현주소가 안타깝기만 하다. 대법원 판결에 뇌물수수와 반란혐의로 무기징역에 2,568억 원의 추징금까지 선고를 받은 바 있는 전두환 씨는 전 대통령의 예우를 그대로 받고 있다. 내 통장에는 29만 원밖에 없다면서 국민을 우롱하고 훈장도 반환하지 않고 있으니 참으로 기가 막힐 일이다.

법은 만민 앞에 평등하다고 하는데 항상 약자에 강하고 강자 앞에서 아부하는 우리나라 법이라는 생각이 들 때가 많다. 그저 분노와 허무 사이에 갈등을 느낀다. 똑같은 육법전서를 다루는 입법기관이나 법관들이 행정부의 시녀가 되어서야 말이 되는가? 이런 인간들의 모양새가 매양 불만스럽기만 하다. 그저 매스컴을 어지럽히는 사회의 부조리가 가슴을 뜨겁게 달군다.

옛날 어느 천재 소년의 일기가 생각난다.

"악을 미분하고 선을 적분하면 얼마나 좋을까?"

진리가 아닌 부조리를 미분하고 정의를 산처럼 쌓는다면 얼마나 평화로운 사회가 될까? 그래도 나는 어두움이 있었기에 광명이 온다는 진리를 믿고 싶다.

(2010. 11. 11.)

박연차 게이트

2009년 한국사회를 온통 뒤흔들었던 '박연차 게이트' 사건은 지난 27일자로 2년여 만에 막을 내렸다. 전 박연차 회장의 리스트에 오른 연루자 21명 가운데 19명이나 줄줄이 유죄판결을 받았다. 고 노무현 대통령의 비참한 서거를 초래했던 정관계에는 저승사자 박연차가 주역이었다.

참여정부의 돈줄이었던 박연차 전 태광실업 회장은 친노 정치인들에게 용돈처럼 정치자금을 뿌렸다. 이 정치자금은 뇌물로 마침내 뇌관이 터져 민주당으로 당선되었던 이광재 강원도지사가 서갑원 의원과 함께 자리를 상실했다. 김원기, 박관용, 최철국 등 전 의원도 유죄 판결을 받았다. 현 정부의 인사였던 박정규 청와대 전 민정수석, 추부길 청와대 전 홍보비서관 등이 사법 처리되었다. 박연차 게이트 수사는 곧 정치인과 관료들에게 무덤이 되었다.

태광실업 전 회장 박연차는 탈세와 뇌물 혐의로 징역 3년 6월에 벌금 300억 원을 선고받은 바 있었고(2009. 9. 16. 1심) 탈세 혐의로 39억 원의 벌금을 낸 전과자다. 그런데도 그는 일찍이 35회 납세자의 날에 대통령상을 받았고 34회 무역의 날에 금탑산업훈장까지 수상한 바 있다. 당시 정관계에 유력한 기업가요, 재벌이었다. 한나라당의 재정위원장으로 정치자금의 맥을 쥐고 있었던 거물이었다. 항상 권력에 붙어 아부하면서 자기 기업만 살리겠다는 기업가들의 몰골이 사납게 보인다. 정치드라마를 보면 기업가들은 정부와 정치계에 민감한 반응을 보인다. 대기업의 성장을 위해서는 사업의 선정이나 자본 유통을 위한 은행 대출이 정치인의 영향을 받기 때문이다. 더러는 탈세 한 번 없이 경영이 잘되는 기업체도 상납하지 않으면 미운털이 박혀 망하게 된다. 따라서 국세청에서 나오는 세무조사를 꺼리는 것은 바로 탈세와 비리 때문이다.

게이트라는 용어는 닉슨 대통령이 물러나게 된 워터게이트(Watergate Affair) 사건에 연유한다. 1972년 6월 닉슨 대통령의 재선을 위해서 비밀공작원이 워터게이트 빌딩에 있는 민주당 전국위원 본부에 침입하여 도청장치를 설치하려다 발각된 미국의 정치적인 사건이다. 이 사건을 계기로 정치적인 뇌물이나 부정에 관련된 사건이 발생하면 게이트라는 문자를 사용하고 있다.

80년대 제5공화국 시절에도 사채시장에 큰손으로 알려진 장영자, 이철희 어음사건이 사회를 소란하게 하였다. 유정회 국회의원과 안기부 차장을 지낸 이철희 배경을 업고 벌인 10배에 가까운 어음사기는 6,404억에 달해 정계와 재계를 놀라게 했다. 그야말로 '장영자

광풍'이 불어닥쳤다. 이른바 '장영자 게이트'다. 이로 인하여 금융혁명이 일어났고 이 사건에 관련된 피고인이 31명이나 되었으며 11명이 실형을 받았다. 되짚어 생각조차 하기 싫은 이 80년대 권력형 비리사건은 마침내 권정달 씨가 민정당 사무총장에서 물러났고 막강한 권력을 휘두르던 허삼수, 허화평이 힘을 잃게 되었다. 그 당시 산업은행장과 조흥은행장도 구속되어 실형을 받았다.

사채시장에 큰손이었던 장영자는 부부가 똑같이 15년의 형을 받았다. 그 후에도 구권화폐 사기사건 등 세 번이나 복역을 하였다.

박연차 회장과 세종캐피탈 사장 사이에 일어난 세종증권 매각사건 조사 중에 드러난 비리사건은 정치인들의 간담을 써늘하게 했다. 박 회장이 정치인들에게 뇌물을 제공한 사건은 끝이 없어 참으로 한심스럽기만 하다. 어쩌면 친노 야당만 잡는 듯한 인상도 지울 수가 없다. 정권야욕의 칼을 쥐고 있던 제1공화국 이승만의 자유당 때에는 정적인 진보당 위원장인 죽산 조봉암 선생을 공산당으로 매도하고 간첩죄 및 국가보안법 위반죄를 적용하여 사형에 처해버린 예도 있다. 또 군산 제일고등학교 교사들이 소나무 아래에서 김지하 시를 낭독했다는 이유로 이적단체라 하여 간첩죄로 처벌한 오송회 사건처럼 문인들을 희생시킨 사건도 있었다. 그러나 이와 같이 뼈아픈 과거사를 청산하기에는 아직도 미흡하다. 5 · 18 광주민주항쟁사건도 제대로 마무리하지 못하고 있으니 하는 말이다. 이렇게 어마어마한 사건들이 모두 현대 비망록으로 늘 반추되어야 하는가 싶어 걱정스럽다. 알고 보면 빙산의 일각이라 생각되어 가슴이 아프다.

연말연시를 기해 북한의 천안함 침몰과 연평도 포격에 이어 소

구제역 파장으로 국가재난이 선포된 정국이 매우 불안하다. 여기에 박연차 게이트 사건까지 사회를 어지럽히고 있는 성싶다. 정치권에 다시는 브로커들이 득세하지 않기를 바란다. 부정한 뇌물을 제공하는 자부터 천벌에 만벌의 형을 내려야 할 것이다. 정경유착이라는 악순환의 고리를 끊어야 우리 사회가 밝아지지 않겠는가?

≪명심보감明心寶鑑≫ 〈성심편省心篇〉 장원시壯元詩에는 云國正天心順(운국정천심순)이요, 官淸民自安(관청민자안)이라 했다. 곧 나라가 바르면 하늘도 순하고(도와줌) 벼슬아치가 청렴결백하면 온 백성이 저절로 편안해진다는 뜻이다. 우리 국민 모두가 한 번쯤 가슴속 깊이 장원시壯元詩를 새겨보았으면 한다.

(2011. 1. 29.)

민나 도로보데스

"민나 도로보데스." 세상 모두가 도둑이란 일본어다.

한때 세상을 휩쓸던 유행어다. 유명을 달리한 극작가 김기팔 씨의 작품 TV 드라마 〈거부실록〉에서 주인공 김갑순이 내뱉은 말이다. 양심을 팔아먹고 노략질하는 사람들을 한마디로 외국어(일본어)까지 동원해서 정곡을 찌른 1980년대의 유행어다. 그야말로 어지러웠던 사회의 모순을 꼬집은 충격적인 말이라고 생각된다.

남의 것을 제 것인 양 훔쳐가는 비양심적인 도둑도 가지각색이다. 셋방살이 집에서 청국장까지 훔쳐다 먹는 바늘도둑이 있는가 하면 외양간에 있는 황소를 끌고 가는 소도둑도 있다.

차 속에서 남의 호주머니를 터는 소매치기, 친지를 꼬이는 사기꾼, 약한 여성의 정조를 유린하는 파렴치한 도둑도 있다. 장애자나 독거노인에게 지원하는 복지자금까지 횡령하는 공무원도 있다 하니 참으로 한심스러운 세상이다.

옛날에는 산모퉁이에 숨어 있다가 행상을 터는 산적이 있었다고 한다. 근래에는 소말리아 해상에서 국제상선을 납치해가는 해적이 있어 세계 이목을 끌고 있다.

조선시대에 서자나 백정의 아들로 태어나서 인간적인 대우를 받지 못하던 홍길동과 임꺽정은 오만불손한 양반이나 탐관오리들의 재산을 털어 외롭고 가난한 자에게 나누어 준 의적이었다. 실정법에는 마땅히 처벌 대상이지만 양심법에는 오히려 칭찬의 대상이 되기도 한다. 한때 경찰의 체포망을 무력화시켰던 탈옥수 신창원은 착한 도둑이라고 해서 의적 일지매로 미화시킨 적도 있지 않았던가?

빵 하나를 훔쳐 먹은 죄로 19년간이나 투옥생활을 한 레미제라블의 주인공 장발장은 소녀 코제트를 양아로 들여 파란만장한 인생을 인도주의적인 사상으로 매김하는 장면을 보고 가슴이 뜨거웠던 적이 있다.

이 사회 모두가 도둑놈인데 누구를 믿고 살아야 할지 모르겠다면서 정경유착에 빠져 있는 정치가들을 개탄하는 이만섭 전 국회의장의 말이 인터넷에 올려져 있었다.

내가 진정한 애국자요, 나만이 경제를 살려 온 국민이 잘 살도록 할 수 있다고 장담하던 정치가들을 이제 국민들은 믿지도 않는 것 같다. 모두가 도둑인데…….

역대 대통령들이 한 분도 깨끗하게 물러나 존경받는 정치가로 남아 있지 않다. 대부분 부정비리에 말려들어 온 국민의 지탄을 받고 있다. 차떼기로 정치자금을 모으던 정당과 기업가들의 세금 포탈에 이어 비자금 유출, 수천억대의 부채를 안고도 꿋꿋하게 버젓이 살아남은 군사정치가도 있다.

나만 잘하면 무엇 하나, 굳이 큰소리로 짖을 필요 없어! 장영자 같은 큰손만 있으면 그만이지! 태광실업 회장 박연차도 있지 않은가?

일류대를 나왔다는 엘리트들이 정부 요직에 있으면서 정권과 금욕에 눈이 어두워 자신을 가누지 못하고 있는 현실 사회가 안타깝기만 하다.

뇌물賂物은 목적 달성을 위해 몰래 주고받는 불순한 재물이다. 따라서 뇌물은 주고받는 사람을 엄중하게 처벌해야 한다. 요즈음 많은 정계 인사들이 박연차 게이트에 걸려들어 뇌물 수수로 소환되더니 기소되었다. 모두가 정경유착에 말려든 죄수가 아닌가. 그야말로 현대판 민나 도로보데스다. 민나 민나 도로보데스!

노무현 전 대통령은 서민을 위한 정치, 지역갈등을 해소하고 민주화를 실천하여 "사람 사는 세상"을 만들겠다고 다짐하던 초심을 지키지 못한 채 봉화산 부엉이 울음 속에 한 많은 세상을 마감하지 않았는가?

법조항에도 없는 포괄적 뇌물수수죄로 몰아 마침내 목숨까지 앗아가 버렸다. 검찰 수사도 종지부를 찍었다고 한다. 검찰의 총수 임채진 총장도 도의적인 책임을 지고 자리에서 물러났다. 이 나라에는 아직도 양심선언을 해야 할 정치가나 기업가들이 많을 텐데……. 과연 검찰수사는 어느 선까지 갈 것인지? 한 번 묻고 싶다. 제발 보복성이나 국민의 눈에서 벗어나는 표적수사는 하지 말아야

지 하면서도 어쩐지 불안감이 앞선다.

예로부터 대도는 법망에 걸리지 않는 경향이 있다. 망에 걸려도 그물을 망가뜨리는 배경이 있기 때문이리라. 이번 박연차 게이트 사건도 또 그렇게 유야무야 용두사미 격으로 묻히지 않을까 염려된다.

≪후한서後漢書≫ 〈진식전陳寔傳〉에 나오는 양상군자梁上君子는 도둑을 점잖게 부르는 말이다. 태구현의 현감 진식陳寔은 학식이 뛰어날 뿐 아니라 성품이 온화하고 청렴결백하여 존경받는 현감이었다. 어느 날 밤 천장 들보 위에 있는 도둑을 양상군자라 하면서 그를 타이르고 비단 두 필을 주어 보냈다. 그 소문이 퍼지자 고을 안에는 도둑이 없었다고 하는 고사성어가 있다.

"양상군자梁上君子"라 천장 대들보 위에 있는 도둑을 옭아매 잡지 않고 사람은 처음부터 악한 사람은 없다, 다만 습관이 잘못 들면 나쁜 도둑이 될 수 있다면서 조용히 돌려보내는 진식의 지혜가 아쉽다.

도둑이 없으면 법도 필요 없다. 법이 없어도 사는 세상이 되면 얼마나 좋을까?

(2009. 6. 12.)

세계로 뻗어가는 한글

– 한글날 다시 공휴일로 부활해야

"나라 말씀이 중국과 달라 한자와 서로 통하지 아니하므로 백성이 말하고자 하나 제 뜻을 능히 펴지 못할 자가 많은지라 내 이를 불쌍히 여겨 새로 28자를 만드나니 사람마다 쉬이 익혀 날마다 쓰는 데 편케 하고자 할 따름이니라.

(國之語音 異乎中國與文字 不相流通 故愚民有所欲言 而終不得伸其情者 多矣 予爲此憫然 新制二十八字 欲使人人易習便於日用矣)"

한글은 훈민정음訓民正音으로 '백성을 바르게 가르치는 소리'라는 큰 뜻이 들어 있는 동시에 세계적으로 으뜸가는 문자요, 우리 민족의 자랑거리다.

유네스코가 문맹퇴치 공로상을 '세종대왕상'으로 정한 것은 바로 문맹퇴치와 함께 우리나라의 비약적인 산업발전과 정보대중화의

원동력이 한글에 있었다는 것을 증명하는 일이다.

훈민정음訓民正音의 창제 동기와 목적은 세종대왕이 직접 서술한 훈민정음 본문의 서문에 잘 나타나 있다. 우선 겨레의식의 실존적 자각이 제정의 동기이며, 겨레의 문화적 장르가 그 목적이라 하겠다. 결국 자주적 국가주의의 발로이며 민본주의에 입각한 민족 문화 촉진주의가 그 목적이라 할 수 있다. 나아가서 우리 민족의 주체성과 자긍심이 뿌리 깊이 내려져 있다고 본다.

올해는 세종대왕께서 훈민정음을 반포하신 지 563돌을 맞는 해다. 한글은 가장 과학적이고 체계적인 문자로 세계에서 으뜸이라고 한다. 이러한 문자를 만드신 세종대왕의 국어 사랑과 나라 사랑의 참뜻을 이해하고 그 정신을 잘 받드는 지혜가 있어야 한다고 본다.

말과 글은 그 나라 국민의 품격과 문화를 드러내는 것이다. 현대와 같이 사회 계층과 세대에 따라 우리말을 올바로 사용하지 않고 외래어 남용과 함께 품위 없는 말을 남용하고 있는 것은 다함께 반성해야 할 민족적인 과제라고 생각된다. 겨레의 얼과 한민족의 주체성을 살리고 문화 창달을 위해서 우리말과 글을 사랑하고 아껴 써야 하는 것은 너무나도 당연한 일이다.

세종 28년 1446년에 반포된 "훈민정음 예의본"과 "훈민정음 해례본"은 국보 70호로 지정되었을 뿐 아니라 유네스코 세계 기록 유산으로도 지정되었다. 세종대왕이 한글을 만드신 취지와 문자로서의 우수성을 세계 만방에 자랑하고 되새겨 보아야 할 일이다. 이제 우리 한글은 한반도를 넘어 세계문자로 도약하는 계기가 왔다.

바로 인도네시아 부톤섬에 찌아찌아어語 보급과 한글 표지판이 설치된다 하니 참으로 기쁜 일이 아닐 수 없다. 세계 최초의 '한글섬'이다. 매스컴을 통해서 처음 들었을 때 가슴이 뛰었다. 드디어 우리 한글이 세계로 진출하게 된다는 자긍심과 기쁨이 넘친다.

한글날은 일제에 국권을 빼앗겼던 1926년 9월 29일(음력)에 조선어연구회 주관으로 일제 탄압에 짓눌린 민족의 얼을 되살리고 보존하기 위하여 '가갸날'로 정했다가 한글 반포 480돌인 1928년에 한글날로 이름이 바뀌었다.

10월 9일에 공개적으로 기념식을 거행하게 된 것은 8 · 15해방 이후부터다. 한글날이 10월 9일로 된 것은 1940년 7월에 발견된 훈민정음 해례본에 나오는 기록에 의한다. 이 책에 실린 정인지의 서문에 9월 상한이라는 기록이 나오는데 그 기록에 의하여 음력 9월 상순에 반포된 것으로 보고 9월 상한의 마지막 날인 9월 10일을 양력으로 다시 계산한 것이다. 광복 후 훈민정음 원본에 따라 1946년 10월 9일을 한글날로 확정하였다. 그리고 한글 반포 500돌을 맞아 한글날을 국경일(공휴일)로 제정하고 기념식을 문화공보부 주관으로 거행해 왔다. 1990년 총무처에서 법정 공휴일 축소문제와 관련하여 국경일에서 제외되고 단순한 기념일로 남아 있으니 참으로 안타까운 일이다.

한글날은 우리 글자 한글의 우수성을 기리고 우리 민족의 위상을 높이기 위해서 법으로 정해진 날이다. 반만 년 역사를 통해서 가장 업적이 많았던 세종대왕을 추앙하는 기념관도 무엇보다 규모 있게 세워져야 하려니 싶다. 미국 워싱턴에 있는 링컨 기념관과 제퍼슨 기념관 못지않게 더 큰 뜻이 담겨 있는 세종문화기념관으로 건립해야 할 것이다. 특히 한글날은 국경일로 정해 민족적인 기념행사를 거행해야 하리라.

현재 주 5일 근무제를 권장하고 있는 시점에서 한글날은 당연히 법정 공휴일로 부활시켜야 한다. 온 국민의 잔칫날 아니 온 세계 문화의 날로 삼아 세종대왕의 위대한 업적을 기리고 찬양하며 민족혼을 고양시키고 이어가는 계기로 삼아야 하지 않을까 싶다. 한글은 우리 민족 문화의 꽃이 아닌가.

(2009. 8. 9.)

세뱃돈을 주려고 서울에 간다

세상은 요지경 속이다!

설 명절을 손꼽아 기다리며 새로 사온 신발과 색동옷을 머리맡에 놓고 밤새워 가슴 설레며 즐거워하던 날이 그립다. 할아버지 할머님께 세배를 하고 덕담을 들으며 세뱃돈을 받던 날이 엊그제만 같다. 어김없이 흐르는 세월의 강을 타고 내가 어른이 되었다. 이제는 세배를 받아야 하고 세뱃돈을 아이들에게 주어야 하는 나이가 되었다. 문화가 발달하고 문명이 밝아지니 세상이 변화되기 마련이다. 옛날 어른들이 지켜오던 미풍양속도 사정을 두지 않고 요지경처럼 변하고 있다.

할머니 무릎에서 재롱을 피울 때였다. 설 명절이 오면 아들 손자 며느리와 가까운 일가친척들이 할머니 할아버지를 찾아와 세배를 드리는 것이 하나의 예의였다. 할아버지는 세뱃돈을 나누어주시면서 자손들에게 건강하고 행복하게 살아라, 부모에게 효도하고 형제간에 우애하면서 착하게 살아야 한다고 명심보감 같은 말씀을 덕담으로 들려 주셨다.

할아버지께서는 서당에서 후학들에게 한학을 가르치는 선비셨다. 그러기에 정월 내내 손님이 끊이지 않았다. 어머님께서는 그 많은 손님 맞을 준비에 여념이 없었다. 찬바람이 불어오기 시작하면 설빔 준비에 항상 분주했다. 특별히 할아버지 손님 대접에 많은 신경을 써야 했다. 인절미와 시루떡을 비롯해서 바삭바삭한 한과와 달콤한 식혜를 넉넉하게 준비했다. 약주도 비밀리에 빚어 놓고 귀한 손님이 오시면 대접했다. 한 번은 부엌에 숨겨둔 술독을 찾아 달콤한 미주를 훔쳐 먹고 혼난 적이 있었다. 그 뒤부터는 술만 보면 겁이 나 아직까지 술을 잘 마시지 않는다.

뒷동산에 올라 연날리기 하던 날, 제기차고 팽이 치며 돈치기 하던 놀이도 옛날 동화의 한 토막이 되었다. 다홍치마에 남색 끝동 노랑저고리를 입고 널뛰던 처녀들의 삼단 같은 머릿결도 한 폭의 그림으로 남아 있을 뿐이다. 시골장터 씨름판에서 황소를 탔다던 집안 아저씨의 호탕스런 이야기도 흥미로웠다. 이제는 아쉬운 추억으로 묻히고 말았다. 나이가 들면 추억을 먹고 산다는 넋두리가 있다. 지나고 보면 항상 옛날이 그립고 그때가 좋았던 것만 같다. 티 없이 맑은 동심의 세계가 그립다.

물질문명이 발달해서 황금만능주의에 쫓기는 현대인의 갈등과 고민은 역시 옛날이 그리울 수밖에 없다. 우리의 삶이 세사에 시달려온 엄청난 시련이 아니었던가. 푸른 꿈을 키우던 학창 시절, 눈보라 속에 전방을 지키던 사병생활, 생존경쟁에 지친 직장생활, 자녀들을 기르고 가르치기에 정신적인 여유도 없이 살아온 지난날들이었다. 어쩌면 시지프스 신화와 같은 자신을 바라보면서 신의 명령을 거역하지 못한 운명을 깨닫게 된다. 운명의 무거운 바위를 메고 높은 산의 정상을 오르면서 비지땀을 흘려야 하는 숙명이 아니던가? 때로는 모진 한파와 폭풍우에 시달려야 했고 거친 파도에 휩싸여 인생의 진실과 허실의 변두리에서 방황할 때도 많았었다. 이래저래 세월 따라 흐르는 물같이 살아온 인생이다. 그저 속아 사는 인생이라 해두고 싶다.

살같이 빠른 세월 속에 가파르게 살아온 지난날을 회상해 본다. 때로는 파란 많은 시련의 강을 건너야 했고 잔잔한 호수에 잠겨 꿈꾸는 요람도 있었다. 슬픔이 다하고 기쁨의 날이 오기도 했다. 미워하고 사랑하면서 몸부림치는 때도 있었다. 잠든 내 마음에 고운 무늬를 새겨보기도 했다. 그렇게 아롱진 희망이 있었기에 오늘이 있다고 느껴진다.

경인庚寅년 새해를 맞는 설날, 나에게는 새로운 설맞이가 열린다. 그토록 완고한 명절 개념이 퇴색한 것이라고나 할까? 온 가족이 한자리에 모여 조상에 대한 차례를 지내고 오순도순 둘러 앉아 음식을 나누어 먹으며 즐기던 정겨운 모습이 그립다.

지금은 경제적으로 풍요를 누린다. 하지만 그만큼 행복지수는 오르지 않는다. 녹슨 이야기가 아직도 가슴에 머물러 있다. 내 나이 칠순에 다섯 해를 더하면서 세배를 받기 위해 자녀를 찾아 역귀성하는 운명이 되었다. 교통이 워낙 불편하기 때문에 일어나는 현대

문명의 부산물이다. 결국 자녀들의 편의를 위해 거꾸로 살아가자는 것이다. 그럴 수밖에 없다. 할 수 없이 괴나리봇짐에 세뱃돈을 챙겨 상경 길에 오른다. 그곳에 가면 아들 손자 며느리 딸 사위가 쉽게 다 모일 수 있기 때문이다.

노인네들의 봉건적인 아집보다 이게 현명한 처사가 아닌가 싶어서다. 조상을 추모하는 차례도 서서히 사라져 가고 있는 것 같아 가슴이 아프다. 그러나 아쉬워한들 무엇하랴! 이것이 현대판 실용주의의 모순인 것을.

나는 어렸을 때 물구나무서기를 썩 잘했다. 거꾸로 세상을 보면서 몇 발을 옮기며 흥겨워하던 기억이 난다. 하늘의 바다가 신비롭게 보였다. 지금도 가끔 세상을 뒤집어 요지경으로 만들고 싶다. 차라리 잘되었다 싶다. 자녀들이 아주 반긴다. 외국에 있는 둘째딸 가족을 제외하고는 자녀들이 다 모여 세배를 주고받으며 정을 나누니 참으로 즐거웠다. 그 옛날 조부모님처럼 '건강하고 성실하게 살아 행복한 삶을 누려야 한다.'고 덕담을 하면서 준비한 세뱃돈을 나누어 주는 기쁨도 컸다. 손자들의 환한 얼굴이 예뻤다.

설날에는 서울 나들이가 유행할 것 같다. 교통난에서 해방될 뿐만 아니라, 바쁜 세상에 자녀들을 편하게 도와주는 셈이니 이게 오히려 부모의 도리가 아닐까? 명절을 맞을 때마다 거꾸로 살아가는 삶의 지혜를 누려야겠다. 탈바꿈하는 인생의 묘를 터득해야만 할 것 같다. 아무리 아쉬워도 옛것을 버려야 할 때가 아닌가 한다.

푸쉬킨의 〈삶〉이라는 시 한 수가 떠오른다.

생활이 그대를 속일지라도
슬퍼하거나 노하지 말라
슬픔의 날을 참고 견디면
머지않아 기쁨의 날이 찾아오리니
현재는 언제나 슬픈 것
마음은 미래에 사는 것
언제나 슬픈 것은 일순간에 지나가 버리니
그리고 지나간 것은 다시 그리워지는 것이려니.

(2010. 2. 16.)

우리를 행복하게 했던 김연아

역시 김연아다. 2010밴쿠버 동계올림픽에 출전한 한국 선수단이 역대 올림픽에서 금메달 6개. 은메달 6개, 동메달 2개 등 14개의 메달을 따 종합 5위란 최고의 성적을 거두며 동계스포츠 '탑5'에 진입하였다. 특히 전 세계인을 감동시킨 피겨의 '퀸' 김연아는 여자 싱글에서 쇼트프로그램(78.50점)과 프리스케이팅(150.06점)에서 최고점 기록을 경신하면서 총점 228.56점의 세계기록으로 금메달의 주인공이 되었다. 무결점 금빛 연기로 세계 신기록을 세우자 TV를 지켜보던 국민들은 우레 같은 박수를 치면서 역시 김연아야! 탄성과 환호 속에 즐거워하고 행복해 하였다. 푸른 날갯짓으로 은반을 유영하는 나비처럼 정말 사랑스럽고 자랑스럽다. 경기를 마친 후에 흘린 눈물은 온 국민의 가슴을 짜릿하게 하였다.

피겨의 전설이 된 김연아는 7세 때부터 바라던 꿈을 올림픽 무대에서 최고의 연기로 펼쳤다. 온갖 고통과 시련의 강을 건너 오늘의 영광을 안았다. 밴쿠버 퍼시빅 콜리시움 맨 위에 걸려 있는 태극기를 바라보며 애국가를 조용히 따라 부르던 김연아는 마침내 뜨거운 눈물을 흘렸다. 그가 바라는 꿈은 두 가지였다. 하나는 세계선수권대회 우승, 또 하나는 올림픽 금메달이었다. 그가 바라던 꿈이 이루어지던 순간, 고통과 역경을 이겨낸 감격적인 눈물이었다. 이제 20세인 그가 두 가지 소원을 이룬 셈이다. 김연아의 다음 목표는 무엇일까. 은반의 여왕 연아의 꿈은 또다시 우리에게 새로운 희망과 행복의 나래를 펴 주리라고 믿는다.

밴쿠버의 축제는 세계 속에 코리아를 자랑하고 한국인을 행복하게 하는 영광의 드라마였다. 아시아 선수의 불모지로 여겼던 스피드 스케이팅에서 움켜쥔 모태범과 이상화, 이승훈, 이정수 등의 메달리스트들은 우리의 영원한 기쁨이요, 자랑이었다. 이승훈 선수는 남자 스피드 스케이팅 10,000m장거리 경기에서 12분 58초 55로 올림픽 기록을 경신했다. 이날 경기에 극적인 것은 이승훈보다 4초 정도 빠르게 들어왔던 세계기록 보유자 스벤크라머(네덜란드)가 인코스를 두 번 타는 바이어얼레이션을 범해 실격되면서 금메달을 목에 걸었기 때문에 시청자의 가슴을 더욱 설레게 하였다.

도전과 노력이 빚어낸 감동의 드라마 2010밴쿠버 동계올림픽은 17일간의 경기로 화려하게 막을 내렸다. 그리고 우리나라 온 국민의 감동 속에 환희와 행복을 안겨주었다. 세계가 하나되는 올림픽 무대에서 우리 선수들은 가는 곳마다 좋은 성적으로 승리의 개가를 울렸다. 태극기를 높이 휘날리며 국위를 선양하고 하늘을 날 듯한 기쁨을 안겨 주었다. 참으로 반갑고 고맙다. 대한의 건아! 우리 선수들 정말로 장하다.

정치적으로나 사회적인 혼란 속에서도 매스컴을 통해 날아오는 올림픽 뉴스는 암울한 우리의 가슴을 시원하게 터주는 청량제다. 소망에 넘치는 새해 새봄을 맞는 우리에게 항상 올림픽을 닮은 승리의 삶이 이어졌으면 좋겠다.

(2010. 2. 28.)

패자의 승리, 승리의 패자

우리나라 역대 처음 치르는 선거다. 투표장에 들어가 붓깍지를 들고 여덟 곳을 찾아 꾹꾹 찍고 나왔다. 누가 어떤 사람인 줄도 모르고 그저 무슨 당이니까 선택한 것이 대부분이라고 한다. 투표율 54.5%, 15년 만에 최고의 기록을 세운 6·2선거는 전례 없이 희비가 엇갈렸다. 제5회 동시지방선거에서 열세를 보이던 민주당과 야권 후보들이 선전한 것으로 나타났다. 이른바 한나라당과 MB정권에 대한 견제론이 크게 확산된 데 있다고 본다. 방송매체의 출구조사를 뒤엎어버린 역전드라마는 독주하는 한나라당과 현정부에 대한 국민의 무서운 경고장이다.

민주주의는 다수의 의견을 존중하는 정치다. 일당 독주나 밀어붙이기로 하는 정책은 민주주의가 아니라고 본다. 그것은 국민에 의한 국민이 하는 국민의 정치가 아니기 때문이다. 민심을 파악하지 못한 여당은 국민의 불신임으로 참패를 당한 것이라고 믿는다.

서울 구청장과 지방자치 단체장들의 승리는 야당이 압도적이었다. 교육감 선출에서도 진보 성향 교육감이 대거 약진하여 주목을 끌고 있다. 한나라당에서는 "어! 이럴 수가 있나." 하고 민주당에서는 "우리 국민은 역시 무섭다."라고 탄성을 질렀다. 뜻밖에 인천, 강원도 충남에서까지 야당이 승리하였다. 25개 서울 구청에서도 강남 3구를 제외한 모든 지역에서 여당은 쓴잔을 마시고 말았다. 여당이 기대했던 천안함 북풍은 도리어 역풍이 되어 버렸다. 친노 후보도 선전을 했다.

민심은 천심이다. 민주주의를 존중하는 국민은 자유와 평화를 갈망한다. 청와대에서는 민심을 겸허하게 받아들이겠다고 한다. 무슨 변명이 있겠는가? 너무나도 당연한 일이다.

특히 서울시장 오세훈 후보와 한명숙 후보의 15시간에 걸친 개표 드라마는 온 국민의 가슴을 긴장케 하였다. 결국 승자는 겸손하게 패자는 당당하게 변모시켰다. 이긴 사람은 상처뿐인 승리였다고 하면서 "사실상 패배했다." 하고 패자는 "선거는 졌지만 국민은 승리했다."고 말했다. 역대 선거사상 가장 피 말리는 명승부였다. 역전에 역전을 거듭한 결과 0.6% 포인트 차로 현시장인 오세훈 후보의 승리로 막을 내렸다. 결과 오세훈 후보는 강남 시장이라는 곱지 않은 낙인이 찍히고 말았다.

유권자들의 관심은 투표율에서 나타난다. 50%가 넘는다 해서 자만할 것도 아니다. 더구나 어느 지역 교육감처럼 20% 안팎의 지지율로 승리했다. 자만은 경계해야 할 일이다. 유권자들의 7~80% 이상이 불신하고 있다는 것을 깨달아야 한다.

이번 6·2 동시지방선거는 성격상 여러 면에서 성찰할 점이 많다고 본다. 우선 교육전문기관인 교육감과 시한부 교육의원을 선출하는 데 일반 지방단체장과 정당 선택까지 합쳐져 뒤범벅이 되었다. 세계 어느 나라에서도 유례없는 선거다. 짧은 기간의 선거운동을 통해 입후보자의 인격이나 정책에 대해서 이해할 사이도 없이 그저 도매로 몰아붙이는 감이 있어 안타까웠다. 우후죽순처럼 쏟아져나온 애국전사들의 함성을 유권자들은 대부분 외면하고 있다. 거리에서 열을 지어 광대마냥 춤을 추는 장면은 정말 가관이었다.

우리나라에는 돈 많은 실업자들이 너무 많은 것 같다. 10대 1에 가까운 경쟁자들이 한결같이 엄청난 공약을 내걸고 나온다. 국가예산을 자기 재산으로 착각하는지 무엇이든지 해 주겠다는 공약空約을 누가 믿겠는가. 또한 형법에 저촉되는 후보자가 생각 밖에 많다는 데에 다시 한 번 놀라지 않을 수 없다.

모든 정치기관이나 의회가 돈 있는 실업자를 구제하기 위해 존재하지는 않는다. 그러기에 참으로 국가와 민족을 위해 피와 땀을 아끼지 않는 애국자가 나와야 한다고 본다. 그러나 악화가 양화를 구축한다는 그레샴법칙이 인간사회에도 적용되는 것 같아 안타깝기 그지없다.

남북관계가 악화되어가고 천안함 사태가 정국을 불안하게 한다. 급기야 천만 이산가족 면회와 금강산 관광은 물론 개성공단 문제 등 사회적으로나 경제적으로 큰 혼란에 빠지고 있다. 이 모두가 정치인들의 책임이다.

이웃나라 일본정치인들을 보라. 54년 만에 정권 교체를 이룩한 민주당이 미일관계에 따른 정책 실패와 정치자금 문제로 책임을 지고 하토야마 총리와 오자와 이치로 간사장이 국민 앞에 사과하고 전격적인 사의를 표명했다. 그야말로 국민 앞에 책임을 질 줄 아는 신사다운 정치인이 아닌가.

우리나라 역대 장관이나 정치가들이 모두 내 잘못이요, 내가 책임을 지겠다고 하면서 조용히 물러난 사람이 몇이나 되는가. 말없는 국민의 소리를 제대로 듣고 바르게 행동하는 양심적인 선량들이 되었으면 좋겠다.

(2010. 6. 6.)

제4부

봄은 안개 속에서 피어나는가 보다

봄은 안개 속에서 피어나는가 보다

창문 너머 뿌연 안개 속으로 봄의 서곡이 울려 퍼지는 듯하다.

겨우내 땅속 깊이 웅크리고 있던 봄이 한껏 데운 입김으로 피워내는 안개꽃이라 할까. 얼어붙었던 대지가 녹아나는 이야기로 가슴에 안겨온다. 그렇게 많은 세월, 해마다 새봄을 맞이하건만 결코 물리지 않는 아름다운 계절의 선물이다. 까마득히 철을 잊고 묻혀 있던 생물들이 뽀소송 잠에서 깨어나 머리를 내밀고 일어나는 소리가 소란소란 들려오는 듯싶다.

베란다에 진열된 꽃잎들에 생기가 돋는다. 푸른 잎을 자랑하는 관음죽과 서황금, 팔손이를 비롯해서 천사나팔꽃 등 많은 꽃들이 봄을 반기고 있다. 화사한 호접란과 신비디움, 우아하고 아름다운 산천보세와 금화산 꽃잎이 대공을 타고 망울망울 피어올라 그윽하고 깊은 난향을 뿜어내고 있다. 온 집안에 봄의 향기가 가득 넘친다. 묵은 화분에는 잡초가 파릇하게 여린 손을 흔들며 나온다. 괜시리 가슴이 들뜬다. 뿌연 안개 속에 싸인 산천이 무슨 꿈을 꾸고 있는지 궁금하다. 그 속에 솜털 버들강아지가 눈 비비고 깨어나는 것이 아닐까. 안개 낀 산비탈에 시냇물이 졸졸대며 흐르는 것만 같다. 봄은 신비로운 안개 속에 피어나는가 보다.

구정을 지나 해마다 이맘때가 되면 시골 선산을 찾아 성묘를 하게 된다. 고이 잠들어 계시는 선영들의 얼을 되새기며 다하지 못한 그리움으로 머리 숙여 예를 올린다. 사철 푸른 측백나무와 꽃을 머금고 봄을 기다리는 동백나무, 꽃망울이 봉긋봉긋 매달린 매실나무를 바라본다. 하얀 매화꽃이 금방이라도 활짝 피어날 것 같다. 어머님이 계시는 곳에는 벌써 봄이 온 지 오래인 것 같다. 머지않아 언덕바지에 노란 개나리가 병아리처럼 예쁜 입술을 열어 싱그러운 노래를 불러드리겠지……. 두더지가 사방으로 후비고 다닌 곳을 자근자근 밟으며 산나물을 캤다. 누가 심지 않아도 달래와 냉이는 항상 우릴 반겨준다. 잔디밭 사이에 눈 덮인 겨울을 비집고 자라는 산나물이 대견스럽다. 구수한 된장국 냄새가 코끝에 와 머무는 듯하다.

'당신이 좋아하는 냉잇국이야!' 하는 아내의 목소리가 그 옛날 어머니 음성으로 귓속에 잠겨든다. 세월이 갈수록 사무치게 그리운 다정스러운 어머님의 음성이다. 봄은 정녕 산나물, 된장국 냄새를 맡으며 향기로운 꽃잎으로 피어나는가 보다.

올해는 유난히도 짙은 안개 속에 봄이 찾아오는가 싶다. 온난화 현상이 이렇게 기상변화를 가져 오는 게 아닐까. 성급하게 다가오는 봄 이야기가 우리 안방 꽃잎에서 피어나 들녘을 넘어 선산까지 찾아가고 있는 성싶다. 봄은 이렇게 안개 속에 피어나는가 보다. 따스한 봄볕에 덧없이 흘러가는 세월의 강물 위로 하늘 높이 날아가는 안개에 싸여 고요한 삶의 속삭임을 나누고 싶다.

(2009. 새봄을 맞으며)

구름같이 피어나던 소망

소망으로 벅찼던 백호의 꿈이 온갖 시련 속에 고요히 잠들어가고 있다. 지진으로 인한 칠레의 참극이 세계를 놀라게 했다. 국내적으로는 북한이 천안함을 침몰시키고 연평도에 포격을 감행하여 6·25 한국전쟁과 같은 위기를 몰아왔다.

그러나 광저우 아시안 게임에서 얻은 쾌승은 우리 온 국민의 가슴을 기쁘게 해주었다. 수영에서 3관왕의 깃발을 올린 박태환 선수와 올림픽 금메달리스트 빙판의 여왕 김연아는 얼마나 황홀한 승리를 안겨 주었던가?

나는 이 한 해를 마무리하면서 몇 가지 크고 작은 뉴스 10가지를 정리하고자 한다.

첫째, 시집 ≪꽃무릇 연정≫ 출간

오랜 날 내 마음의 영상을 그려온 두 번째 시집 ≪꽃무릇 연정≫을 신아출판사에서 출간하였다. 낙엽 진 고목에서 연둣빛 새잎이 피어나는 꿈을 져버릴 수 없었다. 한 송이 꽃을 정성들여 피워냈지만 여전히 자양분이 많은 옥토가 그리웠고 쇠잔해가는 자신을 발견하게 되었다.

둘째, 선교사로 파견된 셋째 사위

연극영화과 출신으로 외모가 남달리 멋지다 싶어 스타가 되리라 기대했던 사위가 하나님의 선택을 받아 목사가 되었다. 선교사의 사명을 가지고 남쪽나라 뉴질랜드로 파견되어 사역 중이다. 몸이 약한 딸과 함께 고난의 길을 십자가를 메고 가는 것 같아 가슴이 아프다.

셋째, 서유럽 관광여행

딸이 많으면 비행기를 탄다는 말이 거짓이 아닌 성싶다. 영국에 사는 사위의 초청으로 서유럽 관광차 영국으로 건너가 한 달 가까이 쉬면서 서유럽 여러 나라를 둘러보고 왔다. 꿈속에 그리던 여행이었다. 유명한 관광지를 골고루 찾아다니며 감명을 받았다. 그 아름다운 추억을 영원히 간직하고자 몇 편의 시와 수필로 남겼다.

넷째, ≪백두산 문학≫으로 재등단

한국문학의 견인차 역할을 하고 있는 ≪백두산 문학≫지에 시詩 부문 신인상을 수상하여 또 한 번의 영광을 안았다. 황혼을 맞으면서 노을빛에 아롱져가는 꿈을 잉태하였었다. 밤바다에 띄우는 그리움이 아쉬워 무명시인의 노래가 무지개처럼 내 호심湖心에 고운 나래로 펼쳐지기를 소원한다.

다섯째, 한국문인협회 회원 가입

한국 문인으로서 넓은 무대에 발을 옮기고 싶었다. 전북문인협회, 전주문인협회, 한국문인협회 회원으로 가입하여 보다 알찬 문학의 열매를 거두리라. 지난날엔 너무나도 소극적으로 살아온 것 같아 그저 후회스럽기만 하다. 지나친 겸손은 때로는 위선일지도 모른다.

여섯째, 기린문학회 부회장 사임

참으로 가슴이 아프다. 전주대학교 명예교수이신 이기반 시인의 지도를 받아온 기린문학회가 있다. 그런데 새로운 회장단에 대한 불신으로 운영상 어려움이 많다. 나는 도의적인 책임을 지고 부회장직에서 물러나 백의종군하기로 했다. 문학을 즐기고 시를 쓴다는 문인들은 명예보다 마음이 맑고 깨끗해야 하지 않을까? 정다운 문우들에게 미안하다. 서로 화합하고 협력해 주기를 바란다.

일곱째, 며느리 학원 문을 닫다

며느리가 아들과 함께 초·중학생을 대상으로 운영하는 학원이 문교행정의 영향으로 문을 닫았다. 어렵게 설립한 학원이 1년도 안 되어 이렇게 큰 상처를 받아 정말 가슴이 아프다. 정신적으로나 경제적인 부담이 너무 큰 것 같다. 나는 아들 내외에게 이렇게 위로의 말을 해주었다. "무슨 사업이든 다 쉽게 되는 것은 아니다. 그러나 너희는 아직도 젊지 않느냐? 새해에는 새로운 희망을 가지고 힘차게 뛰어보자! 희망을 버리는 자는 영원이 실패하는 자란다."

여덟째, 뉴질랜드 관광

딸이 많아 또 비행기를 탔다. 한 해 동안에 두 번이나 해외 관광의 복을 누렸으니 얼마나 행복한가? 뉴질랜드에 선교사로 파견되어 있는 셋째 사위의 초청을 받았다. 우리나라와 정반대쪽에 있어서 열대성 기후다. 섭씨 36도를 오르내리는 여름이었다. 고국의 한파를 피해 휴양을 즐긴 셈이다. 끝없이 펼쳐진 초원에 평화가 꽃피는 나라, 그 뉴질랜드가 부러웠다.

아홉째, 세뱃돈 준비

내일이면 신묘년 새해다. 토끼처럼 귀엽고 사랑스런 아이들에게 1년 내내 저축한 통장을 풀어 세뱃돈의 즐거움을 안겨주려고 한다. 부지런히 뛰면서 열심히 살라는 어른들의 뜻이다.

열 번째, 헤성헤성해진 내 머리

뇌를 쓰면 머리가 하해진다고 했던가? 두 번째 시집을 내놓고 보니 까맣게 염색했던 머리가 온통 하얗게 솟았다. 그뿐 아니다. 머리가 빠져 헤성헤성해졌다. 할 수 없지 싶어 이제는 노후를 대비해야겠다는 마음이다. 남은 인생 노욕을 버리고 이웃과 따뜻한 정을 나누면서 선한 마음으로 살아가기를 기도한다.

밤이 지나 동이 트면 신묘년 새해가 밝아온다. 올해도 벅찬 소망을 가지고 힘차게 뛰어 보자! 예쁜 토끼들이 뛰노는 저 푸른 언덕을 향해…….

(2010. 12. 31.)

희망希望이 넘치는 새해를 맞아

"희망希望을 갖는 자만 신이 도와준다."

새해 첫날을 맞아 KBS방송국 아침마당 시간에 연예 대상을 받은 원로 탤런트 김혜자 씨의 첫마디였다.

사회자가 새해 새 희망에 대한 이야기를 하면서 가장 희망적이고 평화로우며 부드러운 연기로 안방을 따뜻하게 행복으로 지폈던 김혜자 씨를 모시게 되었다고 한다.

그는 매사에 희망을 가지고 긍정적으로 열심히 살아간다면 신이 돌봐 주어서라도 모든 일이 어려움 없이 잘 이루어진다고 했다. 그렇지 않고 부정적인 안목을 가지고 사는 사람은 매사에 불평불만만 늘어놓다가 절망적인 인생이 되고 만다는 지극히 평범한 인생철학을 펼쳐 놓았다.

그렇다. 인류역사를 빛낸 사람들은 대부분 고난의 역경 속에서도 항상 밝은 희망을 가지고 긍정적으로 살아왔기 때문에 성공할 수 있었다. 위대한 정치가를 비롯해서 훌륭한 과학자와 예술가 그리고 어두운 곳에서 소외된 인류를 밝혀주던 성인들. 이들은 모두가 한결같이 고통의 열매를 먹고 살아 오면서 마침내 성공적인 삶을 이루어 온 인류에게 희망을 밝혀준 위인들이었다.

정치적으로나 경제적으로 전례 없이 다사다난했던 무자년을 보내고 기축己丑년 소망에 벅찬 새해 새 아침이다.

전국 방방곡곡에서 새해를 맞아 붉게 타오르는 해맞이를 하면서 외친 희망의 함성이 천지를 진동시켰다. 가난하지만 희망이라도 크게 갖자고 하던 어느 무명 시인의 이야기가 떠오른다. 아무리 어두운 밤이라 해도 새날은 밝아오기 마련이다. 희망은 절망의 어둠을 밝혀 주는 등불이다.

빅토르위고는 모든 사람에게는 나면서부터 이마에 희망이라는 단어를 붙여 놓았다고 한다.

어린아이가 태어나 첫돌 잔치를 할 때 음식상 위에 연필과 돈, 실타래 등을 올려놓고 제대로 말도 못하는 아이에게 그 중 한 가지를 골라 잡으라 한다. 어른들은 가슴을 졸이며 바라보고 있다가 어느 한 가지를 잡아들면 박수갈채를 보내면서 환호성을 지른다. 연필을 들었을 때는 위대한 학자가, 또 지폐(돈)를 들었을 때는 큰 재벌이, 실타래를 잡으면 장수長壽를 하겠다고 칭찬을 아끼지 않는다. 어린아이에 대한 기대와 소망이 담겨 있는 잔치가 아닌가.

내 나이 고희가 넘은 지 오래지마는 이렇게 건강을 지탱할 수 있는 것은 내 할머니의 정성이 아니었나 싶다. 단수숫대와 옥수수,

감자, 고구마 등 모두 친환경 건강식품이었다. 어렸을 때 할머니께서는 내가 학교에 다녀올 때마다 우리 대통령 공부 잘하고 왔느냐고 하시면서 등을 토닥거리며 간식을 내놓으셨다. 그 할머니의 음성이 지금도 귓전에 남아 있다. 자식과 손자들에 대한 기대와 소망, 바로 그 사랑이 오늘의 우리를 이렇게 지켜온 것이 아닌가 싶다.

학창 시절에는 누구나 한 번쯤 위대한 사람이 되겠다고 큰 희망을 가져 보지 않은 사람은 없을 게다. 그래서 날 새기로 시험공부도 하지 않았던가.

나 역시 농촌에서 태어나 부모님을 따라 논두렁을 헤매었지만 항상 주먹을 불끈 쥐고 다녔다. 반드시 훌륭한 사람이 되리라고 다짐하면서 나름대로 열성적으로 살아온 셈이라고 할까. 내세워 자랑할 것도 없지마는 부끄러워할 것도 없다.

지금부터 26년 전쯤 1982년 봄이었다. 익산지역 교육자 대회에 초빙 강사로 오신 당시 새마을본부 연구소장으로 계셨던 유태영 박사님의 특강을 경청하였다. 임실군 강진면 산골에서 태어나 가난 속에 파묻혀 초등학교도 제대로 다닐 수 없었다고 하였다. 그러나 하느님께 굳게 맹세하고 기필코 성공해서 돌아오겠다는 희망을 가지고 맨발로 한양 길을 찾았다고 했다. 잠자리가 없어 다리 밑과 처마 밑에서 웅크리고 날을 새었으며 쓰레기통을 뒤져 언 밥을 씹어 삼키면서 끼니를 이어갔다고 했다. 너무나도 가엾고 감동적이어서 눈시울이 뜨거워졌다. 유태영 박사는 온 인생을 절망보다는 희망 속에서 살아온 것이다. 독학으로 대성한 사람이다. 아무 연고도 없는 이스라엘에 유학을 하고 덴마크 땅에서 최고의 박사 학위를 받아 그 나라에 대학 교수로 있었다 하니 놀랄 만하다. 정말 우리에게 산 교훈을 남겨주었다.

"하면 된다."는 신념을 가지고 희망찬 미래를 향하여 힘차게 도약하는 한 해가 되었으면 한다. 소망의 해를 맞아 황소같이 순박하고 성실하게 살아가야겠다.

빅토르위고의 말이 다시 떠오른다. 모든 사람에게는 태어나면서부터 이마에 희망이라는 단어를 붙여 놓았다고……. 행운의 여신은 희망을 가지고 최선을 다하는 자에게 마지막 아름다운 미소를 던져 준다고 했던가!

성공이라는 열매는 결단코 주인이 따로 정해져 있지 않다.

(기축己丑년 새해 아침)

수선화水仙花 한 송이

수선화 한 송이가 봄을 안고 내 가슴에 파고들었다. 푸른 잎 사이로 노랗게 피어나는 꽃잎 하나, 내게는 영원한 사랑이요, 아름다운 꿈이다. 겨우내 숨겨 두었던 영혼의 이야기를 굳게 닫힌 동토 위로 뽑아올리면서 향기로운 봄의 서곡을 울려준다.

내 서재에서는 항상 꽃들의 이야기를 들을 수 있다. 창문만 살짝 열면 향기 넘치는 꽃들이 서로 다투어 안방을 넘나든다. 베란다에 진열되어 있는 화분들이 나름대로 제 모습을 자랑하고 있는 성싶다. 사철 푸른 관음죽을 비롯해서 넓은 잎을 자랑하는 고무나무와 알록카시아, 남국에서 날아온 여신의 치맛자락 같은 극낙조, 오래전에 홍도에서 구해온 풍난과 대만보세, 옥화, 애국, 관음소심 등이 제법 볼만하게 좁은 공간을 메우고 있다. 특히 양지에서 쉬지 않고 정열을 불태우는 제라늄은 언제나 내 마음을 환하게 밝혀 준다. 가녀린 소녀처럼 살랑거리는 사랑초의 속삭임도 그저 넘길 수 없다.

옛날 시골 장독대 옆에 곱게 피어나던 봉선화와 채송화, 접시꽃도 참 고왔었다. 오월의 난초는 잎이 시들고 난 후 연분홍 대공 위로 나팔을 불어 그리움을 노래하는 안타까움을 가슴에 품었었다. 한때는 도심 속에서도 옥상에 작은 정원을 꾸며보았다. 수형이 잘 잡힌 소나무 분재와 느티나무, 소사나무, 노간주나무, 철쭉 등 야생화까지 정성을 쏟아 가꾸어 보았다. 화려한 영산홍이나 목련화, 장미꽃, 라일락도 꽃 잔치에서 빼놓을 수 없는 화초들이다. 저마다 화사한 꽃잎을 자랑하고 향기를 뿜어내면서 벌 나비를 유혹하였다.

나는 유달리 이른 봄날에 노랗게 피어나는 수선화를 좋아한다. 곱게 뽑아올린 대공 위로 수줍어 말 못하고 살며시 고개 숙인 듯 조용히 미소짓는 입술을 사랑한다. 바람이 아니어도 날갯짓이 꽃잎에 서린다. 손길이 없어도 가슴으로 안겨오는 포옹이 다사롭다. 긴긴 겨울의 동화가 이제는 봄날의 동요로 산울림이 되어 날아오는 것만 같다. 어쩌면 메마른 가슴에 푸른 초원을 일구어가는 나의 소망이 아닐까?

그대는 신의 창작집 속에서
가장 아름답게 빛나는
불멸의 소곡
또한 나의 작은 애인이니
아아 내 사랑 수선화야
나도 그대를 따라 저 눈길을 걸으리

김동명金東鳴 시인의 작품 〈수선화〉 한 구절이 떠오른다.

해마다 이맘때가 되면 안방을 곱게 장식하는 수선화가 봄의 향기를 안고 찾아온다. 그토록 아끼고 사랑하는 꽃이라서 나의 영원한 동반자가 되었다. 그리고 사랑하는 아내에게 붙여준 애칭이다. 그저 청초하고 고운 향기를 담뿍 안겨다 주는 노오란 수선화 한 송이! 영원한 나의 사랑이다.

그리스 신화에 나오는 나르키소스는 미소년으로 많은 소녀들과 님프들의 동경의 대상이었다. 숲의 요정 에코는 나르키소스에게 반해 구애를 하면서 애를 태우다가 몸이 다 야위어 가고 소리만 남아 산 위를 떠돌아 다니는 메아리가 되었다는 전설이 있다. 어느 날 나르키소스는 사냥을 하다가 목이 말라 옹달샘에서 물을 마시고 있었다. 그때 물에 비친 자기 모습에 취해 한 발자국도 옮기지 못한 채 빠져 죽었다. 그의 죽음이 변하여 샘가에 한 송이 수선화가 되었다고 한다. 이로부터 유래한 말이 나르시시즘인데 곧 자아도취주의라고 한다.

중국 삼국시대 위나라에 조식曹植이라는 사람이 있었다. 형인 문제文帝와 궁궐에서 살다 죽은 견甄 씨라고 하는 미인의 영혼을 만나 하룻밤을 새우고 〈낙신부洛神賦〉라는 시를 지었다. 그 시 속에 수선화를 능파선자凌波仙子라 하여 능파선凌波仙이라고 부른다. 그 외에 금잔옥대金盞玉臺 수선창水仙菖이라는 이름도 있다.

나는 수선화와 오랜 세월을 같이 하고 있다. 새봄과 함께 희망과 기쁨을 안겨는 수선화! 그리고 수선화와 같은 아내가 있어 언제나 즐겁고 행복하다. 그 영원한 생의 동반자의 향기로움이 그윽하게 풍겨온다. 꽃샘추위에도 아랑곳하지 않고 방긋이 웃는 그의 모습에서 다사로운 계절의 향기를 마음껏 마시고 있는 것 같다. 봄날이 바람 타고 날아갈지라도 수선화는 늘상 내 가슴에 피어나고 있지 않은가? 수선화 향기가 내 마음에 머물러 있는 한 행복한 시간이 되리라. 행복은 어디에 있나요. 행복을 그리워하는 마음과 순간에 있다고 하지 않던가요?

(2010. 3. 23.)

낙엽 한 잎

낙엽 한 잎이 가을을 물고 와 내 발끝에 있다. 정녕 냇물소리가 그리워 천변을 따라 굴러온 것이리라! 새벽을 여는 자연의 숨결이 가슴을 설레게 하는 맑은 동화가 낭랑하게 들려오는 듯하다. 나는 이 새벽을 즐긴다. 천변을 거닐면서 풀섶 새로 들려오는 이야기를 들으며 많은 것을 보고 느낀다. 건강을 자랑하며 내닫는 청년들이 내 청춘을 되찾게 한다. 팔짱을 끼고 거니는 젊은 부부, 자전거를 타고 싱싱 달리는 사람들이 아침을 신나게 한다. 낯선 외국 소녀와 환한 인사를 주고받을 때 세계가 하나인 것을 느낀다. 휠체어에 몸을 담은 노파를 만날 때 인생의 애환과 삶의 깊이를 깨닫는다.

낙엽! 시몬 너는 좋으냐
낙엽 밟는 소리가

'구르몽'의 시詩 한 구절이 생각난다. 지금 내 발끝에는 천변의 이야기를 듣고파 날아온 잎새 하나가 내 소리에 귀를 기울이고 있는 성싶다. 9월의 길목, 낙엽 지는 소리, 은행잎에 새긴 사랑, 모두가 가을 이야기가 아닌가? 황금빛 풍요가 빨갛게 익어가는 계절의 노래가 온 산하에 울려 퍼지는 듯하다. 먼 산곡에서 냇물소리가 자연의 노래를 들려주고 있다. 텃새와 철새들의 지저귐도 항상 새롭고 반갑다. 갈대와 억새풀 사이로 하늘거리는 코스모스가 새아침을 반겨준다.

낙엽 한 잎, 이른 봄날 연둣빛 희망을 돋아 올린 고운 잎이다. 무성으로 치닫던 한여름 뙤약볕에 여문 꿈들이 만삭의 가을이 오면 마지막 풍요를 자랑하는 전령사 낙엽 한 잎, 휘몰아치는 비바람에도 굳세게 살아내는 자연의 섭리, 절망을 모르는 그 의지에 나는 숨을 죽인다. 가을의 문턱에서 서성이는 나에게 삶의 의미를 일깨워 주는 낙엽! 그렇게도 아름다웠던 젊은 날이 샛노란 무늬로 아롱져 마지막 불타버린 낙엽으로 가야 할 길을 알게 하는 것이 아닐까?

천변을 구르다 머물러 있는 낙엽 한 잎이 나의 독백을 듣고 싶단다. 오랜 날 잠겨 있던 추억의 창문을 두드린다. 잊혀가는 옛날을 끄집어올린다. 그리운 사람들의 얼굴도 영상으로 떠올린다. 소년시절에 가슴에 묻어 두었던 어느 소녀의 해맑은 미소까지……. 운동장에서 외치던 함성, 철선을 달리던 기적소리, 이상을 꿈꾸던 푸른 노래, 철조망을 돌며 전선을 지키던 군홧소리! 청춘을 불사르던 한없는 그 세월의 이야기가 이제 백발노인의 독백으로 맴돌 뿐이다. 흩어져가는 낙엽처럼 천변 정담이 되어 흘러가는 듯하다.

새벽 하늘에 말갛게 동이 트면 생명력을 얻었고 기인 하루가 석양빛 노을에 잠길 때면 별빛 영롱한 꿈길에 새날을 점쳐 보던 지난 날들이 새록새록 그립다.

낙엽은 정답고 쓸쓸하다
우리도 언젠가는 낙엽이 되리라
가까이 오라
가을 바람이 몸에 스민다
시몬 너는 좋으냐
낙엽 밟는 발자국 소리가

추억은 우리의 영혼을 아름답게 수놓아준다. 오늘도 낙엽 한 잎에 그리움을 담아 흐르는 냇물에 띄운다.

(2009. 10. 31.)

주말농장으로 오세요

아침 햇살이 눈부시다.

꺅꺅꺅꺅 늦잠 깨우는 까치 소리가 유난히도 맑다. 고향이 그립다. 선산 밑에 황토밭을 갈아 주말농장을 일구는 것이 금년 한 해의 꿈이다.

흙과 더불어 살아온 내가 공직생활을 하면서 농촌을 등지고 고향을 떠나온 지도 어느덧 수십 년, 이제 고희가 넘어서야 어린 시절의 꿈과 추억이 묻혀 있는 고향을 찾게 되었다.

주말농장! 어쩐지 나에게 새로운 세계가 열릴 성싶다. 어린 꿈나무들을 심어놓고 생기가 돋아나는 삶을 누리고 싶다. 전주 군산 간 도로를 달리다 보면 난산초등학교가 나온다. 이 학교가 바로 내가 꿈을 키웠던 학교다. 모교를 옆에 끼고 지날 때마다 내 손으로 심어놓은 소나무들이 자라 70년의 전통을 자랑하고 있는 것 같아 흐뭇하기 그지없다.

내 나이도 고희를 넘은 지 5년에 접어든다. 나무는 저렇게 무성하여 건강을 뽐내고 있는데 황혼길에 접어든 나는 해가 다르게 쇠약해지고 있지 않은가. 세월이 쌓일수록 인생의 무상함을 실감하게 된다.

나는 아내와 함께 먼저 성묘를 했다. "어머님! 참으로 오랜 세월이 흘렀습니다. 소 몰고 논갈이 하시던 아버님의 소탈한 모습도 떠오릅니다. 고이 잠드신 선영 앞에서 잠시 묵념을 올릴 때 어머님께서 손뼉을 치며 생전에 즐겨 부르시던 〈새타령〉이라도 들려주시는 듯합니다."

잠시 후 전주 상가에서 구입해온 고추와 상추모를 비롯해서 가지, 토마토, 치커리 등을 적당한 간격으로 심었다. 모처럼 하는 일이라 허리가 아프고 손목이 저렸다. 이런 것도 일인가. 대밭 모서리에 앉아 땀을 식히면서 이 황토밭을 가꾸어 우리를 기르고 가르쳐 주신 부모님의 은혜를 다시 한 번 그리게 된다.

어버이 살았을 때 섬기길랑 다하라고 했다. 그러나 지금은 모두가 흘러가버린 옛이야기가 되었다. 내가 이미 그러한 어버이가 되어 황혼길에 서 있지 않은가.

흙과 더불어 흘리는 땀은 너무나 값지다. 순수하게 흘린 땀방울만큼 수확이 약속되는 것이다. 그러기에 농자는 천하지 대본이라 하지 않았는가? 원시시대부터 농사는 우리 삶의 바탕이 되었고 인류 문화의 뿌리였다.

산업의 발달로 농촌이 피폐해지고 농산물도 환경오염으로 마음

놓고 먹을 수 없다고 하니 한심스럽다. 친환경적인 무공해 식품! 이것이야말로 현대를 살아가는 사람들의 지혜가 아닐 수 없다. 그래서 농약을 쓰지 않는 작물을 계약 재배하는 사람들도 있다고 한다. 무공해식품을 먹고 건강하게 잘 살아야겠다는 욕망이리라.

나는 매일 식탁에 오르는 야채부터 신선한 것을 취해야겠다는 생각이 들었다. 내 농장에 내 손으로 가꾸는 채소야말로 정이 묻어나는 신선한 야채다. 다정한 이웃과 친우들에게 나누어주고 싶은 식품이다. "친환경 무공해 식품을 마음껏 먹지 않을래요? 우리 주말농장에서는 여러분을 기다리고 있답니다." 상추, 쑥갓, 아욱들이 너풀대며 어서 오시라고 푸른 마음으로 마음껏 손짓하고 있다.

오랫동안 기다리던 단비가 내렸다. 내 정성을 쏟아 가꾸어 온 농장에는 가지와 고추, 토마토가 주렁주렁 매달려 약한 지주가 넘어지기도 했다. 무성하게 자란 잡초를 어깨가 아프도록 뽑아내고 과채류가 좋은 열매를 맺도록 곁순을 따주기도 했다. 소리 없이 길게 자란 가지는 주인을 기다리고 있는 것 같다. 빨갛게 익어가는 방울토마토가 볼수록 사랑스럽다.

우리 고향에는 농대를 나온 선배 한 분이 있었다. 원예단지를 조성하고 비닐하우스 농장을 개척해서 농가소득 배가 운동에 앞장서 왔다. 어린 시절에 몰래 들어가 토마토를 훔쳐오다가 들킨 적도 있었다. 짓궂은 어린아이들의 장난이었다. 요즈음처럼 도둑으로 몰리지 않았으니 그나마 다행이었다. 이것이 바로 넉넉한 시골 인심이요, 낭만어린 추억이다.

자연이 한없이 푸르게 짙어갈 때 우리 주말농장에는 내가 흘린 땀의 대가로 고추와 가지, 토마토가 풍성하게 매달려 있다. 상추, 아욱 등이 푸짐하게 자라니 후덕한 마음이 절로 생긴다. 무더위 속에서도 추억어린 고향이 싱그럽고 달콤하게 여물고 있다.

고향은 언제나 내 마음의 요람이요, 영원한 어머니의 품이다. 오늘따라 땀 흘리며 일하시던 부모님이 그리워진다.

(2009. 6. 27.)

천변에서 받은 선물

"서 회장! 허물 말고 이것 받아 주어요. 모범생에게 주는 선물이야! 약소하지만 즐겁게 받아 주었으면 좋겠어요."

뜻밖의 선물에 당황하지 않을 수 없었다.

내가 새벽을 깨우는 자연의 소리를 듣고자 천변을 거닐어온 지도 벌써 3년이 다 되어간다. 수많은 시민들이 건강을 지키기 위해 열심히 달리고 있다. 우리 아파트 옆 천변에 세워진 팔각정을 기점으로 전주천과 삼천, 금학보를 넘어 만경강으로 이어지는 천변길을 매일같이 거닌다. 자연생태계를 그대로 살리면서 주변 환경이 아름답게 조성되어 있어서 좋다.

예로부터 산수가 좋아야 인심이 좋고 큰 인물이 난다고 했다. 전주는 바로 그러한 곳이다. 일찍이 호남에서 제일 가는 고을이요, 후백제의 도읍지였으며 이태조의 선조들이 살아온 본향이다. 모악산을 등에 업고 완산칠봉에 이어 동고산과 건지산, 다가산, 황방산에 에워싸인 전주다. 시가 중심으로 맑은 냇물이 사시장철 흐르고 있으니 이 얼마나 아름다운 고을인가? 그래서 오랜 옛날부터 살기 좋은 '온고을'이라 하였으리라.

전주시는 아름다운 경치를 자랑하는 전주 8경과 함께 역사적인 유적도 많은 곳이다. 이태조의 어진을 봉안한 경기전을 비롯해서 조경묘와 객사, 풍남문, 견훤의 왕궁 터였던 동고산성 등 볼거리도 많다. 그뿐 아니라 전통 문화를 자랑하는 예향의 도시로 소리문화의전당과 한옥마을의 다양한 모습을 빼놓을 수 없다.

나는 모악산에서 흘러내리는 삼천과 치명자산을 끼고 한벽당 밑으로 내려오는 전주천을 사랑한다. 그로 인하여 시장으로부터 명예환경 감시원으로 인정을 받게 되었다. 불법으로 자연을 훼손하거나 철새와 물고기를 남획하는 행위를 단속하는 자격을 갖게 되었다. 사실은 모든 시민이 다 감시원이 되어야 하리라.

지난 봄날이었다. 물고기들의 산란기에는 잉어 떼가 몰려다니며 보는 이들을 즐겁게 한다. 그런데 어느 날 젊은이 한 사람이 뜰망을 가지고 잉어를 덮치는 장면을 목격하였다. 나는 당장에 쫓아가 이 고기들은 모든 전주 시민의 것이라고 설득해서 몰아낸 적이 있다. 한여름에 낚시꾼들도 단속한 경험이 많다. 명예환경감시원의 역할을 톡톡히 한 셈이다.

나는 천변을 거닐 때마다 바지주머니에 비닐봉지와 장갑을 가지고 다닌다. 많은 사람들이 오가며 버린 쓰레기를 줍기 위해서다. 집에서도 꽃을 가꾸고 청소하기를 즐기는 나는 아파트 안에 흩어진 쓰레기를 보는 대로 주워 주변을 깨끗이 하는 데 한 몫을 한다.

어느 날 운동시설이 있는 곳에서 옛날에 같이 근무했던 여직원 부부를 만났다. 깜짝 반기면서 날마다 저렇게 쓰레기를 줍는 시민이 있기에 이렇게 주변 환경이 깨끗해진다고 칭찬해 왔었는데 바로 선생님이셨다며 존경스럽다고 했다. 정말 쑥스러웠다. 지극히 평범한 시민으로서 할 일을 했을 뿐인데……. 나는 내가 먼저 해야 할 일이라고 생각한다. 휴지나 먹다 버린 음식물 쓰레기, 술병, 담배꽁초를 매일같이 주워 없애도 또 나온다. 그러기에 나는 날마다 주워야 할 의무감이 생긴다. 아무런 생각 없이 버리는 그들을 원망하기보다 아침마다 일할 수 있는 선물을 주어서 감사하다는 생각까지 든다.

근래에는 시청에서 녹색사업으로 꽃나무들을 많이 심어 놓았다. 누구보다 꽃을 사랑하고 꽃과 더불어 많은 시詩를 읊는 나에게는 아주 좋은 글감들이다. 갈대와 억새풀, 이름 모를 꽃잎으로 어우러진 곳에서 재잘거리는 물새소리는 싱그러운 아침을 열어준다. 이 모든 것들이 아침에 얻는 천변의 선물이 아닌가?

어느 날 아침 “이것 허물 말고 받아 주어요. 나는 서상옥 시인이 좋아서 이래요.” 너무나도 뜻밖의 선물에 그저 놀랍도록 고마웠다.

우리 아파트에는 80세 노옹이 한 분 계신다. 사회복지학 박사학위까지 받으신 노신사다. 새벽 예배를 드리고 아침마다 이렇게 천변을 거닐면서 건강관리를 하는 어느 교회 원로장로님이시다. 젊은 시절에는 군산항에서 선박회사를 운영했고 건설회사도 경영했으며 모 대학 초빙강사로 강단에도 섰다고 한다.

한때는 사업에 실패하자 자살까지 시도한 적도 있었단다. 어느 날 병고로 예수병원에 입원했을 때 지금 다니는 교회 담임목사의 심방을 받아 34세에 예수님을 구주로 영접하여 현재 그 교회 원로 장로가 되었다고 한다. 이제는 오직 하늘에 소망을 두고 날마다 즐겁게 산다고 한다. 아직도 건강하다. 옛날에는 씨름도 즐겼다고 하니 젊은 날의 건강을 짐작할 수 있을 것 같다. 아파트 헬스장에서 들려오는 음악에 맞추어 스포츠 댄스도 즐긴다. 그야말로 노익장이다.

당신의 처남이 4성 장군인데 제2작전사령관으로 있다가 퇴임할 때 받아온 선물 중 사모님 몫을 내게 선사한다는 것이다. 너무나 미안하고 감사하다. 지금 내가 활용하고 있는 혁대나 시계는 모두 그분이 주신 선물이다. 시계는 아내의 몫까지 주셔서 더욱 감사하다. 인정은 오고 가는 데 싹이 트는가 싶다.

자연을 아끼면서 살아가기를 소망하는 나에게 때로는 생각 밖에 선물을 받는 경우가 있어 즐겁다. 산천의 아름다움을 만끽하고 버려진 쓰레기를 깨끗이 치우는 봉사의 기쁨, 사람들과의 정다운 만남은 얼마나 아름다운 선물인지 모른다.

나는 e-편한세상 아파트에서 이렇게 즐겁게 살다가 저 편한 세상으로 가기를 기도한다. 모두가 감사할 뿐이다.

(2009. 11. 11.)

흙에서 나와 흙으로 가는 인생

연둣빛 산발치가 날로 푸르러가는 백운산 등성이 계곡을 오르니 연분홍 진달래가 화사하게 반겨주었다.

오래전부터 선산일 때문에 신경을 써 오던 터라 올해에는 한식날을 맞아 5대 선조부터 가까운 종산의 공원묘지에 모시기로 했다. 집안 종사는 대부분 나이가 많으신 일가친척들이 맡아 왔지만 그 중에서도 종손인 나는 매우 막중한 책임을 갖고 있다.

고려 초기 외교가요 장군으로서 993년(성종 12년)에 거란군의 침입을 외교담판으로 물리친 지혜로운 용장, 서희 장군의 후예인 우리는 어느 집안보다 가문에 대한 관심과 긍지가 높다.

지리산 줄기로 이어온 전남 광양 백운산은 그 이름만큼이나 웅장하고 아름답다. 이른 봄날에는 우리나라에서 최초로 알려진 건강수액 고로쇠 물 생산지로 유명하다. 해마다 제철이 되면 고로쇠나무에서 나오는 약수를 마시려고 관광객들이 그야말로 구름 떼처럼 모여든다.

바로 이 산하에 터를 잡아 수백 년의 역사를 이어온 게 우리 서徐씨 집안이다. 광양시 옥룡면 입구에 문화재처럼 세워진 서씨徐氏 제각은 가히 집안의 위력을 짐작하고도 남음이 있다. 봄에는 선산 일 때문에 모두 바쁘다. 그리고 가을이면 조상들의 시제를 모시느라 온 종손들이 모두 동원된다.

조부님께서는 한학자이셨는데 김제에 있는 친척의 알선으로 후학을 양성하고자 김제로 오신 것이 인연이 되어 나는 전북 사람으로 태어났다. 학창 시절이나 젊은 날에는 선산에 대해서 별로 관심이 없었다. 고향에 일가친척들이 있어 그분들이 선영을 잘 관리하셨기 때문이다. 그러나 이제는 그 어른들이 거의 다 세상을 떠나셨다. 남은 후손 중에는 내가 유일한 종손이다. 고희를 넘어 희수를 바라보는 나로서는 사회적인 활동보다 대대로 이어오는 조상들의 일이나 가문에 대한 관심이 더 크다. 나이가 들면 선조들을 위하는 마음이 생긴다고 하던 옛 어른들의 말씀이 떠오른다.

십여 년 전 일이다. 어머님께서 생전에 유언처럼 가까운 곳에 선산을 마련하여 여기저기 흩어져 있는 조상들의 선영을 한곳에 모셔야 한다고 하셨다. 그래서 어린 시절의 추억이 고스란히 묻어 있는 고향에 적당한 산을 구입해 두었다가 어머님께서 소천하셨을 때 먼저 가신 조부모님과 아버님 산소까지 모두 이장해서 가족묘를 만들고 수목을 심어 공원처럼 아름답게 꾸며 놓았다.

3년 전부터 부모님 옛 고향에서 선산을 관리해 주시던 노인이 이제는 자기도 늙었으니 가까운 곳으로 모셔가라고 하셨다. 그래서 200년 가까이 되는 고조부와 증조부 내외분을 종산 공원묘지에 모시기로 했다.

마침 올해는 운대가 맞는다고 해서 한식을 전후로 일을 잘 마무리하였다. 이곳 공원묘지에는 이미 이장에 필요한 준비를 다 해놓고 새벽잠을 설친 채 고인들이 묻혀 있는 선산을 찾았다. 예상은 했으나 평장에 가까운 묘를 상당이 깊이 파헤쳐도 큰 유골은 삭아 없어지고 하얀 나무토막 같은 유골 몇 개만 남아 흙과 함께 한지에 싸서 모셔왔다. 참으로 허망하였다. 인생의 허무를 다시 한 번 뼈저리게 느꼈다.

구약성경 창세기에 하느님께서 천지만물을 창조하실 때 마지막에 흙으로 당신의 모습을 빚어 놓고 혼을 불어넣어 인간을 창조했다고 했다. 혼이 육신에서 날아가면 흙으로 남는다던가. 인간은 결국 흙에서 나와 흙으로 돌아간다는 사실을 체험하였다.

우리도 머지않아 운명이 바뀌겠지……. 남은 인생이나마 착하고 바르게 살면서 보람 있는 업적을 남겨 후손들에게 본을 보여 주어야겠다는 생각이 들었다.

(2009. 4. 8.)

사랑초

"당신을 버리지 않겠어요."

연보랏빛 꽃잎이 아침 햇살을 머금고 피어나는 사랑초의 꽃말이다. 남달리 꽃을 사랑하는 나는 항상 화원을 가까이 한다. 지금 살고 있는 아파트 베란다에도 실내정원이 만들어져 있다. 사철 푸른 소나무와 고무나무, 관음죽을 비롯해서 금사춘, 종려수와 함께 산천보세, 호접난, 철골소심, 옥화, 건난 등 제법 그럴듯한 정원이 조성되어 있다. 어린 시절 울밑에서 피어나던 봉선화와 채송화, 접시꽃 등 여러 종류의 꽃들이 아직도 내 가슴속에서 향기를 뿜어내고 있다. 나이가 들어갈수록 분재와 수석까지 즐기고 있는 편이다. 전문적인 지식이 있는 것도 아니요, 해박하게 아는 것도 없다. 그저 싱그러운 초록 잎과 화사한 꽃들의 향기에 취하다 보니 오늘도 창가에 있는 조그마한 화원이 나를 즐겁게 한다. 화분마다 사랑스럽고 향기가 넘친다. 숨어 있는 전설과 꽃말도 아주 다양하다.

나는 이른 봄날 언 땅을 비집고 올라오는 수선화를 몹시 사랑한다. 연둣빛 잎 사이로 노랗게 피어나는 꽃잎이 나를 사로잡는다. 해마다 봄이 되면 거실이나 안방에서 봄의 서곡을 울려주는 듯하다. 은은한 향기가 내 영혼을 황홀하게 한다. 자기 미모에 도취되어 옹달샘에 빠져 죽은 나르키소스의 신화도 감동을 준다. 여름 내내 푸른 잎이 꽃을 피우지 못하고 시들면 그제야 꽃대궁이 올라 서로 만나지 못하는 그리움을 애틋하게 노래하는 꽃무릇 연정이 안타깝다.

우리 아파트에 살던 사람들이 들고 날 때마다 헌 가구와 꽃나무들이 쓰레기장에서 주인을 잃어버리고 애처롭게 죽어간다. 나는 이렇게 주인으로부터 배신당한 꽃들을 주워서 빈 화분에 옮겨 잘 키워내는 것이 취미생활의 일부가 되었다. 대부분 값싸고 흔한 것들이다. 그러나 정성을 쏟아 기르면 아름다운 꽃을 피우고 향기를 뿜는다.

어느 날 버려진 화분 하나를 옮겨왔다. 이른 아침에 기상하는 '사랑초'다. 연보랏빛 여린 꽃잎이 동트는 햇살을 머금어 환하게 피었다가 어둠이 내리기 시작하면 꽃잎도 접혀지면서 잠 길에 든다. 사랑초는 서양에서는 옥살리스 Oxalis라 한다. 열대성, 아열대성 식물이다. 쌍떡잎식물 쥐손이풀과로 관상용으로 재배된다. 사랑초에 얽힌 전설도 의미가 깊다.

팔순 노파가 자식들을 분가시키고 돌봐줄 사람이 없어 홀로 생활을 하였다. 외로움과 굶주림에 지쳐 장독대에 있는 시영풀(시금초)만 먹다가 부모님 무덤가에서 숨을 거두었는데 그곳에 토끼풀로 되살아났다. 어느 사이에 마을에서는 토끼풀을 보면 행복해진다는 소문이 퍼졌다. 네 이파리를 발견하면 큰 행운이 온다고 했다. 모든 사람들은 주어진 행복 이상의 행운을 찾으려고 토끼풀을 짓밟고 다녔다. 어느 날 사랑에 목말랐던 이에게 행운이 깃들어 그와 함께한 토끼풀은 멍이 들어 자줏빛 사랑초가 되었다고 한다. 잎이 사람의 심장을 닮아서 사랑초라고도 한다.

양지바른 곳에서는 1년 내내 꽃을 피워준다. 여린 듯 강한 식물이다. 죽음보다 강한 힘으로 겨울에도 꽃이 핀다. 해가 흐리거나 어두워지면 반쪽자리 하트 모양을 한다. 밤이 되면 살포시 포개져 둘이 하나가 되어 아침을 기다린다. 어쩌면 이 세상에서 가장 진정한 사랑의 모습이려니 싶다. 사랑스러움이 새록새록 피어나는 보랏빛 사랑초! "당신을 버리지 않겠어요." "나를 버리지 마세요." 아침에 기상하는 사랑초처럼 그저 순수한 마음으로만 세상을 바라볼 수 있다면 얼마나 좋을까?

(2011. 1. 20.)

제5부
삶의 의미를 찾아가는 문학의 힘

삶의 의미를 찾아가는 문학의 힘

해원의 깃발, 그 푸른 바다가 그리워 새벽잠을 설친 채 서해안을 감돌아 솔섬을 안고 있는 변산 학생해양수련원을 찾아갔다. 전북문인협회 주관으로 개최하는 2010전북도민 해변문예대학에 참여한 것이다. 꽉 짜인 일정에 맞춰 등록을 하고 주황색 유니폼을 선물로 받아 환하게 갈아입고 강당으로 들어갔다. 찌는 듯한 칠월의 폭염 속에서도 문인들의 열기는 한층 더 뜨겁게 달아오르는 듯했다. 전북문인협회 이동희 회장의 환영사에 이어 내빈 소개와 해변문예대학 김학 이사장의 인사말씀이 있었다.

일정표에 따라 김건중 한국문인협회 부이사장의 강의가 있었다. 우리 문협의 큰 과제로 문단경영에 대한 문제를 날카롭게 지적하고 여러 가지 해결방법을 제시하였다. 한국문단은 1만 명이 넘는 가족이라고 한다. 이제는 보다 좋은 창작 여건을 만들기 위해 문인권익과 사회공익에 이바지하는 문단경영이 필요한 때라고 주장하는 논지였다. 문인 복지와 문단제도 개선 문제를 10여 개항으로 나누어 세부적으로 설명하여 문인들의 공감을 얻었다. 다음에 오늘의 히로인인 세계적인 시인 고은의 강의가 이어졌다. 삶의 의미를 찾아가는 문학의 힘을, 생활의 진정성과 문학의 즐거움을 고양시켜주는 강의가 정말 황금같이 느껴졌다.

내려올 때 / 보았네 / 올라갈 때 / 보지 못한 / 그 꽃

이 시는 고은이 쓴 〈순간의 꽃〉이다. 마치 중국 최고最古의 시경詩經을 접하는 듯한 감격을 감출 수 없었다. 세상만사를 바라보는 시인의 안목이 어디에 머무르고 있는지? 참으로 의미가 깊고 고매한 시다. 시인의 달관된 인생관과 관조적인 영혼이 이 짧은 시에 담겨 독자로 하여금 갖가지 의미를 깨닫게 한다. 그야말로 삶의 의미를 언어예술을 통해 잘 표현한 시詩가 아닌가!

시인 고은高銀은 1933년에 군산에서 태어났다. 군산중학교에 수석으로 합격했으나 중퇴하고 말았다. 그의 학력은 그것뿐이다. 6·25 전란 후 정신 착란을 일으켜 방황하다가 불가佛家에 들어가 탁발을 하는 등 많은 기행奇行을 남겼다. 1962년 환속했는데 그동안에 불교 총무원 간부를 비롯해서 전등사 주지, 해인사 주지 대리 등을 지냈다. 1974년부터 민족운동에 앞장서 왔으며 자유실천문인협의회 초대 간사로 한국인권운동에 참여하였다. 한때 민족문학작가회 의장을 지내기도 했다. 또한 김지하 구출 운동에 참여했으며

김대중 내란 음모에 연루되어 투옥 생활도 했다.

그분은 조지훈의 추천에 의해 한국시인협회 기관지 ≪현대시≫에 〈폐결핵〉을 발표하면서 문단 활동을 시작하였고 미당 서정주의 추천으로 〈봄밤의 말씀〉, 〈눈길〉 등을 발표하면서 활발하게 창작 활동을 했다.

초창기는 인생의 허무를 읊은 시를 많이 써 오다가 사회 비판의식이 강한 민중적 정서를 바탕으로 역사적 참여의식을 승화시키는 작품을 써 왔다. 그분은 은관 문학상을 비롯해서 한국문학상, 만해문학상, 불교문학대상 등 많은 상을 받았다. 현재는 세계를 누비는 시인이다. 그의 작품 ≪만인보萬人譜≫는 작품 내용에 만인이 거론되는 작품으로 30권에 4,000여 편에 달하는 장편 대하 시로 유명하다. 노벨문학상 후보자로 누차 올랐으니 더 무얼 말하랴! 그는 민중시인이요, 민족시인이며 애국시인이다.

시인 고은 선생은 '처음의 문학'에서 나의 시가 걸어온 길을 주제로 열강을 하였다. 술이 없으면 시가 없고 시가 없으면 사랑도 인생도 없다. 나는 시를 쓰지 않으면 폐인에 가까운 존재가 된다. 그러다가도 시 한 편이 나오면 눈이 번쩍거리면서 살아야겠다는 용기가 솟아난다고 한다. 술 한 잔에 얼큰하게 취한 듯이 몸짓까지 곁들여 흥취가 넘치는 강의였다. 1930년대부터 빛을 낸 전북문맥을 더듬었다. 시조 시인의 거목인 가람 이병기 선생의 작품성과 그 제자들의 문학 활동, 소설가 채만식에 이어 서정주, 신석정, 백양촌, 김해강 등 전북을 빛낸 문인들의 활동상을 열거하였다.

시인은 오직 시와 더불어 이야기하고 시와 함께 세상을 엿볼 줄 알아야 한다. 시는 이론에 있지 않고 가슴속에 있다. 가슴속에 들어 있는 시를 꺼내어 함께 나누고자 하는 황홀한 그리움의 시간이 되어야 한다고 강조한다.

학문적이고 과학적인 것도 중요하지만 시인이라면 모름지기 울음이 속 깊이 들어 있어야 한다고 한다. 우리는 새가 운다고 하지 않는가! 시인이라면 가슴속 깊이 울음이 들어 있어야 한다고 외친다. 울음은 인간의 흐트러진 삶을 정화시켜 준다고 한다. 독재자 스탈린의 딸이 슬퍼하고 연민해 하는 것을 후루시초프는 그 회상록에서 '숲 속에 가서 실컷 울고 오면 훨씬 나을 텐데 울어야 할 숲조차 없구나.' 하고 애탄해 했는 데 크게 공감한다고 한다. 처참한 비애를 겪었을 때의 울음, 그 울음이 새로운 삶을 일깨워 준다는 시적인 정서를 강론으로 펼쳤다.

그는 등단작품 〈폐결핵〉을 통해 시詩는 현실과 허구의 직조라 한다. 자신이 걸어온 인생의 굴절과 변모를 밝히면서 시문학은 이론보다 가슴으로 느끼는 영혼의 이야기를 엮어나가야 한다고 강조하였다. 마지막으로 연애를 해 보았느냐는 우문에 이 세상에 사랑을 싫어하는 사람이 어디 있겠느냐? 하는 말로 강의를 마무리했다.

오래도록 가슴 저미는 내용이 울음으로 남아 있는 듯하다. 정말 멋진 그에게 세계적인 노벨문학상이 주어지기를 진심으로 기원한다.

(2010. 8. 1.)

죽녹원竹綠苑 댓잎 소리

전북공무원연금공단 사회봉사단 주관으로 문화유적 탐방에 나섰다. 제7호 태풍 곰파스 영향으로 폭풍과 함께 많은 비가 내린다는 기상특보에 놀라 희망했던 회원 40명 중 겨우 30명이 참여했다. 예정시간보다 20여 분 연발하였으나 먼 곳이 아니라서 그다지 초조하지 않았다. 만수가 되어 파란 하늘이 내려앉은 듯한 운암호를 맴돌아 장류문화를 자랑하는 순창을 거쳐 메타세쿼이아 터널을 뚫고 유명한 담양 대나무골을 방문하였다.

한국대나무박물관에 들렀다. 우리나라에서 제일가는 대나무박물관이라고 한다. 지하 1층, 지상 2층 건물에 6개의 전시실이 있다. 이 박물관에는 현재 고죽제품, 신제품, 외국제품 등 3,000여 점이 전시되어 있다. 특히 제2전시실에는 조선시대 궁중에서 사용하던 부채를 비롯해서 유형문화재(채상장, 참빗장, 죽렴장) 등을 볼 수 있어 감명 깊었다. 이 밖에 대나무테마공원과 70여 종의 죽종장, 대나무공예 체험실, 죽제품 전문 판매장도 갖추어져 있다.

일정에 따라 자연과 인공의 조화를 이룬 조선시대의 원림건축의 하나인 소쇄원瀟灑園을 찾아갔다. 소쇄원은 이상주의를 주창하던 성리학자 조광조趙光祖가 기묘사화己卯士禍(중종 14년, 1519)로 유배되어 죽임을 당하자 그의 제자인 양산보가 벼슬을 버리고 낙향하여 자연과 함께 살기 위해 지은 아름다운 녹지공원이다. '비 개인 하늘의 상쾌한 달'이라는 뜻을 담은 제월당霽月堂과 '비 갠 뒤 해가 뜨면 청량한 바람이 분다.'는 의미를 지닌 광풍각光風閣은 손님을 위한 사랑방이라니 당시 청빈한 선비들의 풍류를 엿볼 수 있었다.

이어서 무등산 자락 광주호반에 자리한 한국가사문학관에 들렀다. 가사문학의 산실인 이곳에는 유물전시관과 시청각실이 있고 주변에 산재한 문화 유적지를 안내하고 있다. 정철이 송강정松江亭에서 임금을 연모하여 지었다는 〈사미인곡思美人曲〉이 입구에 걸려 있어 당시를 말하는 듯 가슴이 저려 왔다.

우리 일행은 푸른 댓잎이 하늘을 덮어 구름처럼 일렁이는 죽녹원竹綠苑을 찾았다. 입구 돌계단을 오를 때부터 서늘바람이 댓잎 향으로 맞아준다.

나모도 아닌 거시 풀도 아닌 거시
곳기난 뉘 시기며 속은 어이 뷔연난다
뎌러코 사시四時예 푸르니 그를 됴하 하노라

고산孤山 윤선도尹善道의 〈오우가五友歌〉 한 수가 떠올랐다. 예부터 송죽의 변함없는 지조와 청빈함을 노래한 시다. 고산 윤선도는 조선 중기의 시인이며 문신이다. 시조문학을 마지막으로 장식한 대가다. 학문과 철학, 예술 전반에 걸쳐 조예가 깊었다. 남인의 거두로 전란과 당쟁의 소용돌이 속에서도 지조가 있는 선비로 손꼽혔다. 유배생활을 하면서도 오직 나라와 백성을 사랑하는 정신을 잘 형상화한 국문학의 비조로서 귀중한 문화유산을 남겼다. 그의 시조는 송강 정철의 가사와 함께 조선 시가에서 쌍벽을 이루고 있으며 자연을 노래한 시조가 뛰어나다. 〈오우가〉는 고산이 고향땅 금쇄동에 은거할 때 지은 시조로 ≪산중신곡山中新曲≫에 실려 있는 시다. 자신의 자연애와 관조를 표백한 대표작으로 우리말의 아름다움을 잘 나타낸 시조다.

죽녹원 전망대에 올랐을 때는 대통 맞은 벙어리처럼 그저 야! 하고 놀라지 않을 수 없었다. 푸른 구름이 넓은 해원을 넘실거리는 것만 같았다. 어서 오라는 대나무 사잇길을 걸으며 사각거리는 댓잎 소리에 취했다. 이 청량함을 무엇에 비기랴! 운수대통길을 따라 올라 가노라면 대나무 사이로 불어오는 바람이 너무나도 신선하다. 푸른 대숲에서 뿜어 나오는 음이온이 머리를 맑게 해주고 산소량이 높아 청량감을 높여 준다. 끝없이 이어지는 대나무 숲이다. 가는 곳마다 의미 있는 안내판이 길손을 반겨준다.

예향정에 앉아 잠깐 숨을 고르고 사각거리는 댓잎 소리에 귀를 모았다. 마치 속세를 떠나 만사를 잊은 듯 대나무 속처럼 하얗게 비어 있는 마음이 된다. 생태연못을 끼고 사랑이 변치 않는 길을 거닐다 보면 사랑이 꽃피는 쉼터가 유혹한다. 잠시 머물러 추억의 샛길을 더듬어 본다. 아름다운 추억은 언제나 삶의 의미를 새롭게 해 주는 것이 아닌가! 푸른 댓잎 소리가 사랑가로 들려오는 성싶다. 사갈사갈 속살거리며 들려오는 싱그러운 소리를 그냥 스쳐버리기에는 너무나도 아쉬워 한 편의 시를 읊고 싶었다.

댓잎이 사각댄다
푸른 잎새 하얀 마음
하늘만 그리는 소망

우정과 사랑이
숨쉬는 오솔길
추억이 서려온다

터엉 빈 대통에
선비들 마음 새겨
성인의 곧은 꿈을
죽림에 펴 본다.

송강정에 올라 옛 선비들의 지조와 올곧은 정신을 추앙해본다. 돌아오는 길에 철학자의 동상을 바라보며 잠시 묵상에 잠겼다. 마지막 죽마고우 길에 내려왔을 때 어린 시절 옛 동무 얼굴이 떠올라 〈사우思友〉라는 노래를 콧소리로 흥얼거렸다.

담양潭陽은 죽향竹香과 문향文鄕, 사림士林의 고장이다. 그리고 수많은 문화유산을 전승해온 유서 깊은 곳이다. 속이 하얗게 비어 있는 대나무에 선비들의 대쪽 같은 지조가 깃들어 있고 학문과 철학, 문학예술이 꽃피어 영원히 숨쉬는 것만 같다.

(2010. 9. 1.)

와룡자연휴양림을 찾아서

참으로 오래간만에 우정의 꽃을 피우는 날이다.

교직 동지들이 뜻을 모아 정을 나누어 온 지도 벌써 십여 년 우리 '五人方(다섯동지)'은 매월 정기적인 만남의 즐거움을 간직했다. 계절 따라 부부동반으로 전국 명소를 찾아 관광을 즐겼으며 동남아 해외여행도 했다.

그런데 우리 오인방五人方 중에서 가장 적극적이고 봉사적인 최영옥 선생에게 문제가 발생하였다. 사진작가로 활동하면서 중국 황산까지 다녀오더니만 허리에 이상이 생겨 전주에서 유명하다는 병원에서 척추수술을 하다 잘못되어 중풍으로 돌아 아주 주저앉고 말았다. 한때는 의식도 흐려서 헛소리를 하는 때도 있었다. 지금도 노인병원을 전전하며 투병 중에 있어 가슴이 아프다. 간간이 병원에 찾아갈 때마다 고부라진 손목을 잡고 눈시울을 적시며 지난날을 회상해 본다.

그분이 쓰러진 지 3년이 지나면서 우리 오인방五人方은 자연히 사인방四人方이 되어 소극적인 모임이 되어가고 있었다. 그러던 차 금년에는 유달리 폭염이 심해 더위를 피하고자 시원한 계곡을 찾아 피서를 하기로 했다.

처음에는 지리산 계곡을 찾아가기로 했으나 대부분 여러 번 가보았던 곳이고 또 하루 일정으로는 벅차다고 해서 전주에서 가까운 장수군 천천면에 소재한 와룡자연휴양림을 선택하였다. 장수는 천혜의 청정지역으로 사과 주산단지이며 장안산 국립공원과 함께 장수 경주마 목장, 논개 사당 등 볼거리가 많은 지역이다.

우리 모임 중에는 전방 수송부대 장교 출신으로 수학을 다루어 온 이석영 선생이 있는데 독도법에 능하여 전국 어느 명소든지 모르는 곳이 없다. 자기는 몇 번째 와 본 장소지만 이곳처럼 아름답고 깨끗한 휴양지는 없다고 한다. 결국 이 선생의 알선으로 목적지를 이곳으로 정하고 농수산물 시장에 들러 몇 가지 과일을 준비하여 차에 싣고 진안 장수를 향한 26번 국도로 진입하여 목적지로 향했다.

좌우로 파란 물감을 부어놓은 듯한 산길을 힘차게 달렸다. 가슴이 확 트이는 것만 같았다. 폭염을 뒤로 떨쳐버리고 경쾌한 드라이브가 되었다.

한 시간 가까이 달렸을 때 진안과 장수 천천면으로 들어가는 이정표를 따라 우회전해서 13번 국도로 내려 와룡자연휴양림을 찾아들었다. 도로 주변에는 가로수들이 녹엽으로 여름을 식히고 있었다. 진입로 중간에는 푸른 하늘을 담아 파란 호수가 낚시꾼을 유혹하고 있었다. 구불구불 산길을 타고 올라갈 때 벌써부터 시원한 바람이 안섶을 파고든다. 설레는 가슴을 안고 산골 깊숙이 관리소 직원의 안내를 받아 주차장에 도착했다. 주차장 주변에는 식당과 매점을 비롯해서 여러 편의시설이 있었다. 뜻밖에 무궁화 꽃이 환한 웃음으로 우리를 반겨주었다. 청정한 산곡에서 피어나는 무궁화 꽃은 너무나도 맑고 깨끗한 향기를 뿜어내었다. 우리나라 국화에 대한 아름다움을 새삼스럽게 느껴 보았다.

와룡자연휴양림은 해발 650~1,200m의 금강 발원지로서 휴양림 구역이 다섯 개의 계곡, 상봉(시루봉)인 오계지를 연계하여 어채형(홍어) 형상을 이루고 있는 천혜의 청정지역이다. 맑은 계곡의 물줄기와 야생화 및 야생동물이 서식하고 있는 사계절 아름다운 산행코스로 최적의 휴양처라고 한다.

구역 면적이 104ha나 되는 이곳은 하루 수용 인원이 1,200명 정도며 시설물로는 산림문화 휴양관을 비롯해서 부엉이, 소쩍새 방 등 12개 동의 산막이 있다. 편의시설로는 야영 텐트장과 평상이 80여개, 공동 취사장이 5개소나 있으며 식당과 매점이 운영되고 있다. 어린이 물놀이터를 비롯해서 사계절 썰매장과 수영장이 설치되어 있어 손님들이 마음대로 즐길 수 있다. 산속 깊숙이 빽빽한 숲 속에는 통나무집 몇 채가 꿈꾸듯이 차분하게 앉아 손님을 기다리고 있다.

우리 일행은 아주 깊숙이 올라가 평상 두 개를 빌려 가볍게 짐을 풀었다. 촬촬촬 소리치며 서늘한 바람을 몰고 오는 계곡물은 우리

를 반갑게 맞아 주는 듯했다. 간편한 옷차림으로 돌계단을 밟고 내려가 손발을 담궈 보았다

아! 정말 시원하다. 가슴까지 서늘하다. 도연명이 부럽지 않다. 무릉도원이 따로 있는 것이 아니다. 예가 바로 신선계곡이 아닐까? 폭염과 함께 열대야의 고통에서 해방이 된 우리는 세상만사 근심 걱정 모두 털어 버리고 언제까지나 이렇게 아름다운 자연 속에 묻혀 살고 싶었다.

얼마 동안 더위를 식히고 식당으로 내려와 주문해 놓은 비빔밥으로 점심 식사를 마치고 다시 올라가 남자들만 등산길에 올랐다. 산사태를 방지하고 수량 조절의 역할을 할 수 있다는 사방댐을 옆으로 끼고 시원한 바람을 일으키는 얼음골을 지나 완만한 산등성이를 타고 올랐다. 쉬엄쉬엄 한 시간 남짓 오르니 다리가 팍팍하고 등이 땀에 젖었다. 역시 나이를 이기는 장사는 없나 보다. 소나무를 비롯해서 떡갈나무 상수리나무 등 잡목으로 우거진 숲 속에서 맑은 공기를 마시며 한참 동안 산림욕을 했다. 산사람은 이러기에 건강하고 오래 산다고 했던가. 피톤치드의 혜택을 마음껏 누렸다. 등골에 젖은 땀을 식히면서 남자들만의 재미있는 이야기를 나누며 마음껏 웃었다.

옛사람이 되어버린 교직 동지 이야기도 나왔다. 칭찬도 있었지만 짠돌이라 흉보는 이야기가 더 많지 않았나 싶다. 짙푸른 녹엽 사이로 서늘한 그늘을 밟으며 조심조심 하산길에 섰다. 돌 틈 사이로 소살대며 흐르는 물소리가 큰 계곡으로 이어졌다. 이리 구불 저리 구불 산곡을 헤쳐가는 계곡물은 작은 폭포가 되어 웅덩이를 이루는

곳이 많았다. 그런데 저만큼 작은 호수에 한 쌍의 누드 사진이 생생하게 움직이는 장면이 영상처럼 떠올랐다. 마치 프랑스 인상파 르느와르의 〈멱감는 여인들〉이 연상되었다. 나부의 발랄하고 생동감이 넘치는 모습이 강하게 눈길을 끌었다. 스케치북이라도 있었으면 속빠른 크로키로 저장하고 싶은 충동을 억누를 수가 없었다.

우리는 힘차게 야호를 외치며 천천이 내려왔다. 어느 사이에 한 폭의 리얼한 그림은 사라지고 없었다. 언제까지나 뇌리에서 지워지지 않는 추억의 한 자락으로 남아 있을 것이다. 비틀거리는 발걸음으로 안사람들이 기다리고 있는 평상에 내려왔을 때 상큼한 과일이 우리를 기다리고 있었다.

산그림자가 서서히 드리울 때 짐을 꾸리고 귀갓길에 올랐다. 상쾌한 기분으로 차에 올라 돌아오면서 화산에 들러 유명한 순두붓집에서 저녁을 먹기로 했다. 언제 와도 초만원이다. 내부 시설도 깔끔하게 정돈되어 있지만 메뉴도 다양하여 구미를 끌었다. 일행은 저녁 식사를 마치고 익산 팀과 분산해서 제 갈 길로 갔다.

어둠이 깔릴 때서야 아늑한 집에 도착했다. 테라스에 진열되어 있는 꽃들이 활짝 웃으며 반겨주는 듯하다. 언제라도 아름답고 편안한 보금자리에서 하루를 포근히 잠재우리라. 영원한 우정을 그리며…….

(2009. 8. 8.)

당항포 공룡과 함께

차창 너머 저만큼 가을 햇살이 산비탈 사이로 곱게 내려앉는 이른 아침이다.

전주 덕진노인복지회관 주관으로 노인들을 위로하기 위해 마련한 가을 나들이다. 학창 시절 수학여행을 떠나는 기분으로 새벽잠을 설치고 7시 30분에 덕진복지회관에 도착했다. 벌써 많은 노인들이 모여 있었다. 관광버스가 6대나 되었다. 직원들의 안내를 받아 우리 아파트 경로당 임원들은 마지막 6호차에 올랐다. 예정보다 늦은 8시 20분에 출발하였다. 완주 톨게이트로 진입하여 익산에서 장계로 이어지는 고속도로를 타고 진안 마이산 옆을 돌아 경남 고성 당항포를 향해 힘차게 달렸다.

여행은 마냥 즐거운 것이다. 변화무쌍한 자연과 만나는 즐거움, 사람들과의 새로운 만남, 관광지의 신비로운 경관과의 만남 등 모두가 우리에게 한없는 즐거움을 준다.

차내에는 대부분 낯선 어른들이었다. 특히 여자들이 더 많았다. 아침부터 차내는 흥분의 도가니다. 황 과장 진행으로 춘자네 세 자매가 나와 흥을 돋우었다. 대부분 고희를 넘겼다는데 겨우 예순 정도로 젊어 보였다. 정말로 만년을 신나게 즐기면서 사는 것 같다.

한 시간 남짓 달려 경상도 함양 휴게소에 들렀다. 자연 폭포를 이용한 물레방아가 돌고 있었다. 연암 박지원 선생이 1792년에 청나라 사신으로 갔을 때 그곳 중국 문물을 배우고 익혔던 ≪열하일기≫ 내용을 참고하여 제작되었다고 한다.

아름다운 산천을 배경으로 만들어진 이 물레방아도 옛 고향을 그립게 할 뿐만 아니라 넉넉한 함양 인심을 보여주고 있었다.

휴게소에서 차 한 잔을 마시고 다시 버스에 올랐다. 산을 뚫어 만든 터널을 지나 호남 고속도로를 만나는 분기점에서 통영으로 가는 이정표를 따라 고성읍을 거쳐 당항포에 도착했다. 우리 6호차는 다소 늦어 오전 12시경에 도착했다. 평일임에도 관광객이 아주 많았다. 넓은 광장 모퉁이에 자리잡은 웰이 야외식당 천막 밑에서 웰빙 전통 음식이라는 육개장 한 그릇으로 점심을 때웠다. 충무공의 얼과 태고의 신비가 살아 숨쉬는 곳, 2009 경남 고성 공룡 세계 엑스포 '놀라운 공룡 세계 상상'이라는 광고판이 우리를 유혹했다. 2006 고성 공룡 세계 엑스포는 대한민국 최초의 자연사 엑스포로서 세계 3대 발자국 화석지로 백악기 시대 공룡 생태와 환경을 완벽하게 재현한 공룡 박물관이다. 52일간 154만 명이 넘는 관광객이 방문하였다고 한다. 이 경험을 바탕으로 2009년 경남 고성 공룡 세계 엑스포를 개최할 계획이다. 1억 5천만 년 전의 공룡의 삶을 통해 관광객의 상상을 높이고 자연과의 공존과 환경의 중요성을 일깨우는 계기가 될 것이다. 나아가서 국제적 공룡 체험 관광의 메카로 발전시켜 '공룡 나라 고성'이라는 브랜드로 남해안 관광 벨트의 중심 역할을 수행하게 될 것이라 한다.

인솔 직원의 안내를 받아 '공룡 엑스포 주제관(다이노피아관)'을 찾았다. 첨단 과학기술에 의해 공룡 세계를 가상현실로 재현해낸 곳으로 공룡시대 환경과 공룡의 생태를 체험하는 곳이다. 그 중 발자국을 따라 땅속으로 공룡세계를 찾아 공룡 전성 시대의 생태와 그 시대의 지구 공룡 체험 코너를 거쳐 4D 입체 영상관에서 아이맥스와 같은 감상을 했다. 특히 로봇 공룡관에 전시된 살아 움직이는 거대한 공룡의 모습은 너무나도 감동적이었다. 4D 입체(다이노어드벤처)영상관에서도 입구에서 준 입체 안경을 받아들고 자리에 앉았다. 조와 로봇 엔조와 함께하는 공룡 대륙 고성 이야기를 최첨단 4D입체 영상을 통해 체험할 수 있었다. 임산부는 보지 말아야 할 것 같았다. 커다란 공룡이 큰소리를 치면서 얼굴로 바짝 다가오는 것만 같았다. 괴성이 울려 퍼지는가 하면 앉은 의자가 덜컹거려 한층 실감이 났다. 10분간의 짧은 영상이지만 영원히 잊을 수 없는 장면이었다.

자연사 박물관은 1, 2층 725㎡ 규모 전시실로 1,000여 점의 다양한 자연사 자료가 7개의 테마로 다채롭게 구성되어 살아 있는 자연의 신비를 직접 몸으로 체험할 수 있었다.

수석 전시관에 들렀을 때는 그 엄청난 규모에 놀라지 않을 수 없었다. 다양한 수석이 한자리에 전시되어 있어 수석의 아름다움과 멋스러움을 직접 보고 느낄 수 있는 자연학습 전시관이다. 300여 점이나 진열되어 있었다. 전시관 1층에는 수석인들이 기증해온 석물이 진열되어 있으며, 그 중에는 각종 수석들의 생태에 따라 명명과 함께 그것들의 고향을 밝혀 놓아 관객들의 흥미를 끌었다.

마지막 코스로 정착 중인 Lst 677군함을 향해 갔다. 해군함정이 아예 큰 입을 열고 기다리는 듯하여 자연스럽게 들어갈 수 있었다. 3층으로 되어 있는 이 함정은 2차대전 당시 일본 상륙전과 베트남전에도 이용했던 군함이라 한다. 수명이 다 되어 퇴역한 함정으로 그 내부 구조가 대단하였다. 제일 높은 곳에 조타실이 있으며 침실 식당과 함께 드넓은 바다 속에서 생활하기에 편리하게 되어 있었다.

전쟁을 위한 함포 소리는 바다 속으로 묻혀 버리고 철갑선의 위용도 사라져간 상륙함을 뒤로하고 거대한 공룡 무리가 이동하는 것을 연상케 하는 공룡열차에 몸을 신고 고성 공룡 관광의 대단원의 막을 내렸다.

아직도 놀라운 공룡 세계의 흔적과 브리키오사우루스를 형상화한 세계 최대의 공룡탑이 내 머릿속에 고스란이 새겨져 있다.

정2품 노송老松의 아픈 팔

푸른 잎이 붉게 타는 태양처럼 빠알간 단풍으로 내려앉는 가을이다. 행촌수필문학회 회원들과 더불어 속리산 법주사와 청남대 문학기행에 나섰다

새벽잠을 설친 채 약속시간보다 10여 분 빨리 도착했다. 이미 전북대 평생교육원 앞에는 한겨레관광버스가 대기하고 있었다. 가장 늦게 도착한 임실에 사는 문학 동지가 손수 빚은 가용주를 짊어지고 차에 오르자 버스는 출발했다.

전례 없이 45명이 꽉 채워져 회장단과 김학 지도교수님은 매우 만족해 했다. 이번 여행이 아주 보람이 있을 것 같다며 오늘 하루 많은 글감을 거두어 오라고 하셨다. 안골 수필 창작반에서 같이 배우고 익혀온 회원 외에는 대부분 낯선 분들이었다. 나는 참여한 회원들 중에 마지막으로 등록한 45번째 회원인 셈이다.

흥분과 기대 속에 가을을 달리는 차창 너머로 30여 년 전의 추억을 되살려 보았다.

교단생활에서 한참 정열을 불태우던 시절 익산 지역 학생들을 인솔하여 속리산을 찾았던 기억이 소록소록 피어오른다. 구불구불 말티고개를 넘어 속세를 떠난 승경의 산이라는 의미를 지닌 속리산에 안겼다. 한국의 찬란한 역사가 숨쉬고 있는 문화의 보고가 우리 일행을 반겨 주는 듯했다.

속리산은 법주사, 문장대, 정2품 소나무로 대표된다. 법주사는 신라 진흥왕(553) 때 창건하였으며 금산사와 함께 미륵신앙의 요람이다. 매표소를 지나 무료로 입장하려 할 때 주민등록증을 보여 달라 했다. 빨간 등산복이 젊은 사람으로 착각을 일으키게 한 모양이다. 그 순간 철없는 아이처럼 기분은 좋았다.

안으로 들어가 일주문에 닿았을 때 문화재 해설사의 친절한 안내를 받았다. 한국의 유일한 목조탑인 팔상전(국보55호)을 비롯해서 3천 년 만에 '우담바라'라고 하는 상상의 꽃이 피었다는 쌍사자석등(국보5호), 석연지의 국보와 사천왕석등, 대웅전, 원통보전, 마애여래상 등 문화재에 대한 설명을 들었다. 특별히 인상에 남는 것은 금동미륵대불로 한눈에 들어오는 거대한 불상이다. 신라 혜공왕 때 진표율사가 동銅으로 주성하여 1,000년간 내려오다가 대원군 집정시 파괴되어 1967년에 다시 철근 콘크리트로 조성되었으나 낡아서 2001년 청동 불상에 개금불사하여 현재 금동미륵대불이 되었다고 한다. 그 높이가 33m에 순금이 80kg나 들어 10억이라고 하는 엄청난 예산이 소요되었다고 한다. 내부에는 불교 관련 유물이 전시되어 있다.

욕심 같아서는 세조대왕이 국운의 융창을 기원하며 피부병을 치유하기 위해 목욕을 했다는 복천암을 거쳐 바위가 하늘 높이 치솟아 흰 구름과 맞닿은 듯 절경을 이루고 있는 문장대(일명 운장대)에 오르고 싶었다. 웅장한 산봉우리로 이어지는 능선이 너무나도 장쾌한 곳이다. 이 산봉우리에 세 번 오르면 극락에 간다는 전설이 있으니 나는 사실 이미 극락에 갔다 온 셈이다.

제한된 시간에 쫓기면서 점심을 먹기 위해 산채 비빔밥으로 유명하다는 산촌 식당에 들렀다. 나는 깜짝 놀랐다. 뜻밖에 30여 년 전 학생들과 함께 숙박했던 해주여관으로 들어가는 게 아닌가?

지금은 해주모텔과 산촌식당으로 이름이 바뀌어 있었다. 그렇게도 건장하고 활동적인 박홍식 사장이 아들과 함께 식탁에 음식을 나르고 있었다. 일순간 가슴이 멍해져왔다. 그렇게도 멋졌던 사나이가 이렇게 변하다니……. 세월의 무상함을 다시 한 번 느꼈다. 그동안에 보은군 의원 활동을 16년간이나 했으며 현재는 민주평화통일 자문위원으로 있다고 한다. 감회 깊은 악수를 남긴 채 다음 여정을 위해 차에 올랐다.

내려오는 도중에 정2품 소나무를 관람하기로 했다. 법주사로 들어가는 입구에 수령 600여 년의 소나무가 마치 커다란 우산을 펼쳐 놓은 듯 하늘을 가리고 서 있다. 일찍이 조선 세조대왕이(1464) 법주사로 행차할 때 그 소나무에 걸릴까 염려해서 '연 걸린다.'라고 소리치자 소나무 가지가 번쩍 들려 무사히 통과했다 하여 세조가 정2품 벼슬을 내렸다고 전해온다. 그래서 연송 또는 연거리 나무라고도 한다.

조선왕조 4대 임금인 세종대왕의 둘째 아들로 태어난 수양대군은 계유정난癸酉靖難(1453)을 계기로 정권을 장악했다. 생살부生殺簿를 작성하여 정적을 모두 참형하고 형제와 조카(단종)까지 죽이고 왕위를 찬탈한 무단강권 정치를 실현했다. 그러나 그는 즉위 기간 내내 단종을 죽인 죄책감 때문에 몹시 시달렸다고 한다. 밤마다 단종의 생모가 꿈에 나타나 괴롭혔다고 한다. 어쨌든 길가에 서 있는 소나무에 벼슬을 하사했다는 세조는 매우 호탕하고 유머스런 사나이가 아니었던가 싶다.

그 정2품 소나무는 600여 년의 역사를 가슴에 안고 비바람에 지쳤음인지 한쪽 팔이 썩어 가고 있었다. 왠지 가슴이 아렸다. 모든 역사와 우리 인생도 언젠가는 다 저렇게 되겠지!

한때 차광막을 쳐 놓고 죽어가는 이 노송을 살리기 위해 애를 쓰던 장면이 떠올랐다. 산림청 직원들이 동원되었건만 저렇게 병들어가고 있지 않는가. 언젠가는 이 노송도 깊은 산곡에 고목이 되어 뼈처럼 앙상한 가지로 남으리라. 괜스레 허무한 생각이 들었다.

허름한 옷차림에 손님들의 카메라를 차곡차곡 받아놓고 셔터를 누르던 할머니의 모습이 아직도 선하다.

(2008. 11. 1.)

영원한 시향詩香 ≪韓國詩≫

– 월간 ≪韓國詩≫ 창간 20주년을 맞아

동이 트기도 전에 전화벨이 울렸다. 선배 시인의 부지런한 재촉이었다. 새벽잠을 잃어버린 노장들의 서울 나들이다.

월간 ≪한국시韓國詩≫ 창립 20주년 기념행사에 참석하기 위해서다. 예정 시간보다 한 시간 앞당겨 아침 6시 30분 우등 고속버스에 몸을 실었다. 맑은 아침 고속도로를 내닫는 차내에서 새로운 세계를 꿈꾸는 듯 창밖을 바라보았다. 짙푸른 송림 사이에 뭉게구름 피어나듯 연녹색으로 곱게 물든 잡목들이 시선을 끌었다

새봄을 맞아 모처럼의 상경이다. 다소 들뜬 기분이었다. 서울 지리에 밝지 못한 우리 일행은 강남 터미널에서 지하철 3호선을 타고 경복궁역에서 내려 세종문화회관으로 갔다. 행사장은 이미 만반의 준비가 돼 있었다. 깔끔하고 단아하면서도 품위가 돋보였다. 한 시

간 이상 빨리 접수한 셈이다. 명찰과 생화로 만든 리본을 받아들고 굴풋한 배를 달래기 위해서 주변 음식점을 찾아 다녔다. 모두가 점심 준비만 하면서 아침 식사는 할 수 없다고 했다. 한참 헤매다가 겨우 샛라면 집에서 김밥과 라면으로 아침을 때웠다. 전주 해장국집이라도 하나 차리면 장사가 아주 잘 되겠다 싶었다.

한국 현대시 100주년에 이어 월간 한국시 창간 20주년 행사를 추진하고 있는 김해성 위원장님의 따뜻한 영접을 받았다. 늦깎이로 등단의 영광을 안은 나로서는 다소 긴장되었지만, 문인들의 부드러운 만남에 쉽게 녹아들었다. 이번 행사에 이기반 교수님과 함께 공로상을 받는 원광대 명예 교수인 채규판 시인을 만나 옛정을 나눌 수 있어 더욱 기뻤다.

월간 ≪한국시≫는 노산문학 회장이며 한국시사 발행인 김해성 박사님의 줄기찬 노력의 결실이다. 강산이 두 번이나 변한다는 20년을 단 한 번도 결호 없이 통권 240호를 발간하여 왔다. 한국시단의 풍요한 광장을 이루는 시인들의 화원으로 향기가 넘치는 오늘의 기념행사를 갖게 한 그 열정과 집념에 다시 한 번 찬사를 보낸다.

11시 30분 정각에 시작된 개식사에 이어 학술 세미나가 있었다. 문학평론가 이명재 박사님의 〈소월과 만해 시의 문학사적 위상〉이란 주제의 강의가 있었다. 우리 시문학의 고전이 된 애국시인 소월과 만해 시의 공통점 및 상이점을 대비하면서 한국 현대시의 미래가 21세기 국제화, 다문화 시대에도 거듭나기를 바라고 한국시가 세계문학으로 펼쳐 나가기를 기대한다는 내용이었다.

이어서 시조 시인 오동춘 박사님의 〈한국 현대시조의 어제와 오늘〉이라는 주제의 값진 강의가 있었다. 시조時調는 우리나라 고유의 정형시로 한국인의 숨결이요, 사상의 생명이다. 신라 향가를 비롯해서 고려 가요를 거쳐 조선조에 와서 꽃을 피우고 열매를 거둔 자랑스러운 문학 장르다. 따라서 시조 시인은 선비정신과 투철한 애국정신으로 써야 할 뿐 아니라 시조를 세계화시켜야 한다고 주장했다.

나는 20년간 한결같이 한국시 번영을 위하여 수고하신 원로 문인들께 드리는 공로상 수상자인 전주대 명예 교수 이기반 시인을 대신하여 공로패를 받아왔다. 몸이 불편해서 참석하지 못했기 때문이다. 한국문인협회 이사장의 축사에 이어 몇몇 시작품 낭송과 채규판 원로 시인의 답사로 기념행사의 막을 내렸다. 어느 문학행사보다 진지하고 알찬 행사였다.

문예사를 통해 볼 때 고유한 우리 문학의 정통성을 살려 미래 한국문학을 세계문학으로 발전시키기 위해서는 우리 문인들의 책임이 막중함을 다시 한 번 깨닫게 되었다.

20년 동안 장족의 발전을 통해 한국시의 금자탑으로 꽃을 피워온 월간 ≪한국시≫가 영원한 시혼의 등불로 우리 민족의 노래가 되어 온 인류에게 축복이 가득하기를 기원한다.

(2009. 4. 28.)

제6부

폼페이는 아직도 숨쉬고 있다

폼페이Pompeii는 아직도 숨쉬고 있다

폼페이의 최후는 참으로 비참했었다. 지금은 내륙이 되었으나 옛날에는 베수비오화산의 남동쪽, 사루누스강 하구에 있는 항구도시였다. 비옥한 캄파니아평야의 관문에 해당하여 농업과 상업의 중심지로 번창한 도시였으며, 제정 로마 초기에는 곳곳에 로마 귀족들의 별장이 들어선 화려한 휴양지로서 성황을 이루었다고 한다.

서기 79년 8월 24일 베수비오화산 폭발로 한순간에 멸망했던 폼페이의 유적들이 19세기에 발굴되었다. 드러난 유적들은 고대 그리스의 생활상을 생생하게 재현하고 있었다.

2,500여 년 전의 역사가 화산분화로 낙진 개스와 용암에 묻혀 지상에서 사라졌다. 그 화려한 발자취와 환상적인 거리가 신의 노여움으로 화염 속에서 사라져버린 것이다.

어느 날 한 농부가 발견한 폼페이는 현재 5분의 2정도가 개발되었다고 한다. 이곳 사람들은 폼페이의 유적을 스카비Scavi라고 부른다. 유적지의 입구는 마리나 문Porta Marina으로, 당시 마을에서 항구로 통하던 길의 성문이다. 이 부근에는 폼페이에서 가장 큰 건물인 바실리카, 아폴로신전, 주피터신전 등이 있다. 중앙광장인 포로Foro에는 도리아식 원주가 서 있고, 포로 왼쪽으로 돌아나가서 마첼룸을 지나면 주요 건물 유적들이 있다. 파우니의 집, 큐피드의 집 등 당시 부유한 귀족들의 저택들이 늘어서 있다. 폼페이에서 발굴된 회화, 조각 등은 나폴리 북쪽의 국립고고학박물관에 전시되어 있다고 한다.

성문 입구에 있는 우람한 기둥과 미라로 굳어진 다양한 화석 그리고 생활용품으로 사용했던 토기 등은 당시의 역사를 말해주는 유적들이다. 직선으로 난 도로나 계단식 도시계획이 현대의 도시를 무색게 한다. 오늘날 세계적으로 통일된 144.5cm의 철도 넓이가 그 당시 이곳에 쌍두마차가 다닐 수 있도록 노폭을 만든 데서 시작되었다고 한다. 과연 폼페이 문화는 지금도 철길 네일 위를 달리고 있는 성싶다. 인도와 차도가 바르게 정돈되었으며 상하수도까지 설비되어 있다. 공중목욕탕에는 남녀 냉온탕이 구분되어 있고 탈의실은 물론 천장에 김이 서려도 직접 사람에게 떨어지지 않도록 설계를 했다고 한다.

식빵을 제조하던 시설과 홍등가를 찾아 술잔을 기울이던 상가와 사창가를 상상할 수 있는 상징물과 충동적인 벽화가 사방에 걸려 있다. 역시 인생의 최고 유토피아는 성이 아닌가 싶다.

그 거대한 출입문 기둥과 담장 벽이 보는 이를 감동시킨다. 그야말로 인간의 상상을 초월한 역사의 무덤이 재생되었다는 데 다시 한 번 놀라지 않을 수 없다. 예술미를 갖춘 술병이나 항아리를 비롯한 생활 도구와 함께 아이를 품에 안고 있는 듯한 미라가 화석이 되어 지금도 깊은 잠 속에 빠져 있다. 반듯하게 누워 있는 미라, 팔을 베고 옆으로 잠을 자는 여인의 모습으로 굳어진 화석이 우리와 역사적인 대화를 나누는 것만 같다.

'로마는 세계로 세계는 로마로!' 로마는 결코 하루아침에 이루어진 것이 아니다. 그리스 문화를 이어받아 6,000여 년의 찬란한 역사를 꽃피웠던 큰 정원이다. 그렇게 오랜 세월의 무덤을 헤치고 다시금 부활의 꿈을 재현하고 있는 것만 같다. 세계 만방의 모든 인류가 이 폐허가 된 무덤을 파헤쳐 무궁한 로마의 역사와 끝없는 대화를 나누고 싶어하지 않는가?

그 옛날 로마의 중심지요, 상업도시로서 귀족들의 휴양지였던 이 땅에 홍수처럼 쏟아지는 관광객들이 이 무덤의 도시를 황금밭으로 되살려주고 있지 않은가? 폼페이는 멸망했다 해도 결코 영원히 죽지 않고 살아 숨쉬는 것 같다.

(2010. 5.)

휴양지의 여왕 파타야!

2006년 3월 13일 새벽 4시, 밤잠을 설친 채 섭씨 13도의 봄샘 추위에 떨면서 대문을 나섰다. 마치 초등학교 시절에 원족을 떠나던 아침처럼 가슴이 부풀어 올랐다. 아내의 여고동창 모임에서 벼르던 해외여행에 동참하게 되어 유달리 설레었다.

동남아 관광으로 태국의 관문인 수도 방콕과 해변의 휴양지 파타야Pattaya를 향해 인천 공항에서 오전 11시에 태국 항공편 95,287편에 올랐다.

흥분과 초조감에 사로잡힌 우리 일행은 여고동창 11명과 남자 1명으로 몇 쌍의 부부동반 계약이 잘못되어 결국 나 혼자 가이드 역할을 하게 되었다. 35,000피트 고공을 시속 850km의 속력으로 5시간 30분 동안 날아온 기체는 방콕 동무앙국제공항에 도착했다. 마침 기다리고 있던 한국 여행사 직원과 가이드의 안내를 받아 대기하고 있던 버스에 올라 파타야로 이동하였다.

시간에 쫓기면서 세상 속에 또 다른 세계 미니시암Mini Siam으로 갔다. 태국은 여러 왕조를 거친 800여 년의 역사를 거스르며 형성된 각종 고대 예술품과 문화유산을 이곳 미니시암을 통해서 한눈에 볼 수 있도록 하였다. 태국 최초의 소인국 미니시암에서는 에메랄드 사원과 새벽 사원 왕국 등 조각 건축물을 비롯해서 전 세계의 역사적인 문화유산이 1:25로 축소 제작되어 전시되고 있다.

미니시암 입구에 들어서면서부터 100여 개가 넘는 작품들을 감상하였다. 세계적으로 유명한 프랑스의 에펠탑과 개선문, 영국의 파워브릿지, 러시아의 바실성당, 미국의 자유의 여신상과 이탈리아의 바티칸왕궁, 영화촬영지 콰이강의 다리 등 갖가지 특색 있는 문명과 문화의 다양한 모습을 접할 수 있었다. 이 작품들을 제조해낸 장인들의 정교한 솜씨에 놀라움을 금할 수가 없었다. 시간을 재촉해서 태국의 전통적인 아로마 마사지를 받고 호텔에 투숙하였다.

"언덕 위의 집"이라는 Thai(태국)은 800년의 역사를 지닌 불교국가로 40만 개의 사원에서 모든 행정을 맡고 있다고 한다. 전 국토의 70% 이상이 늪지대라 산이 거의 없다. 태국 국민의 십분의 일(1/10) 이상이 살고 있는 수도 방콕은 끄룽텝Krung Thep 곧 "천사들의 도시"라는 별칭이 있다. 이 끄룽텝은 기네스북에 오른 세계에서 가장 오래된 지명이라고 한다. 역시 태국의 정치적 행정의 중심지일 뿐 아니라 정신적인 중심지이기도 하다.

1982년부터 관광이 시작되어 현재 동양 굴지의 관광지로 부각되어 우리나라에서도 매년 35,000명이 넘는 관광객이 몰려온다고 한다. 여정에 따라 해양 스포츠의 천국이라고 하는 산호섬에 가기 위해서 파타야에서 하룻밤을 지내야 했다. 해변의 휴양지 파타야의 밤은 너무나도 즐겁고 추억에 남는 밤이었다.

날이 밝자 호텔식으로 가볍게 아침 식사를 마치고 해안선 너머에 있는 산호섬 관광에 나섰다. 에메랄드빛 바다를 가로지르며 힘차게 달리는 쾌속정에서 바라보는 전경은 참으로 아름답고 시원스러웠다.

가는 도중에 패러세일 링장이 있어 낙하산을 타고 하늘 높이 날며 바다 위를 한 바퀴 돌아볼 수 있는 즐거움도 있었다. 푸른 바다에 넓게 펼쳐진 백사장이 세계적인 휴양지의 면모를 자랑하고 있었다. 하얀 떡가루보다 더 부드러운 백사장을 거닐면서 자유로운 시간을 마음껏 즐겼다. 관광객을 사로잡는 해양 스포츠 시설이 눈길을 끌었다. 수심이 낮아 산호초를 볼 수 있을 뿐만 아니라 스노쿨링을 비롯해서 스쿠버 다이빙, 수상 스키와 레져 세일링 등 각종 해양 스포츠를 즐길 수 있었다.

우리 일행은 낙하산 투어와 함께 마음에 드는 대로 스포츠를 즐겼다. 특히 바나나 보트 놀이에서는 얕은 해변에 왔을 때 고의적으로 보트를 전복시켜 사람들을 놀라게 한다. 이것을 착각해서 참으로 죽음에 이르는 장면을 연출하는 일행 한 사람을 보고 배꼽 빠지게 웃었다. 그야말로 영원히 잊을 수 없는 추억의 한 토막이다. 나는 평생 처음으로 씨워킹 투어에 나섰다. 스쿠퍼의 안내를 받아 바다 속 깊이 잠수하여 온갖 산호들의 아름다움을 보았으며 형형색색으로 단장한 수많은 열대어가 사람 주변에서 노닐며 빵이 들어 있는 비닐봉지 속까지 서슴없이 들어왔다. 열대어와 즐거운 시간을 나눌 수 있었다.

태국관광 마지막 날에는 자오프라야 강에 있는 수상가옥을 바라보고 왕궁사원을 비롯해서 에메랄드 사원, 새벽 사원과 수상시장을 관광키로 했다. 20만 평에 달하는 왕궁이다. 황금으로 장식한 왕궁과 화려한 사원 그리고 촬영도 금하는 에메랄드 사원에 들러 묵념을 했다.

여정에 따라 하오 7시에는 화려한 야경을 자랑하는 크루즈에 올라 로맨틱한 식사와 함께 이국적인 선상 디너쇼를 즐겼다. 열대지방의 정열을 불태우는 선상의 디너쇼는 국경을 넘어서 세계는 하나인 양 젊은 인어들의 열정으로 넘쳤다. 사회를 보는 아가씨는 한국에서 온 우리 일행을 알아보고 〈돌아와요 부산항에〉, 〈동백아가씨〉 등 우리나라 유행가를 많이 불러주었다. 이역 땅 태국 파타야 해변에서 흠뻑 설렜던 기억은 영원히 아름다운 추억으로 간직되리라.

(2006. 3. 18.)

앤틱시장을 보면서

새벽을 깨우는 새소리는 지구촌 어디에서나 똑같은 것 같다. 태양을 맞을 준비를 이렇게 싱그러운 노래로 시작한다. 밤새도록 고요했던 런던의 아침은 언제나 이처럼 상쾌하게 열린다.

노랑풍선여행사의 안내로 서유럽 6개국 관광을 수박껍질에 줄 긋듯이 정신없이 마치고, 무거운 다리를 달래면서 보고팠던 딸 내외와 귀여운 외손자 남매를 만나 편안한 하룻밤을 보냈다. 말갛게 터오는 동녘 하늘을 바라보니 고국에 있는 옛날 시골집 생각이 떠올랐다. 서늘한 아침 공기를 마시며 가까운 공원을 찾아 거닐었다. 푸른 초원에 노란 수선화와 튤립, 민들레가 방글거리면서 반겼다. 겹겹으로 피어나는 벚꽃들이 흐드러지고, 라일락 꽃이 구름처럼 너울거렸다. 영국의 봄날도 우리나라와 몹시 닮았다. 넓은 들녘이나 가로수에 까막까치가 날아들고 숲 사이로 울려 퍼지는 새들의 노랫

소리 등 모두 낯설지 않다.

둘째딸의 초청으로 유럽관광을 겸한 이번 여행은 내 평생을 통해서 가장 의미 있는 여행이었다. 어느 때보다 특색 있는 관광이었다. 독일의 프랑크푸르트 하이델베르크, 오스트리아의 마리아 테레지아 거리와 황금지붕을 관광하고, 이탈리아의 물의 도시, 베니스와 피렌체 그리고 로마 바티칸시국의 박물관과 성 베드로성당 관광을 마치고 비운의 도시 폼페이를 거쳐 밀라노에 들러 레오나르도 다빈치의 피에타로 유명한 조각상을 보았다. 다시 스위스에 들러 탑 오브 유럽으로 불리는 융프라우 관광 후 예술과 유행의 도시이자 낭만의 도시인 파리로 이동하여 불르봉 왕가의 최대 역작이자 바로크 양식으로 건축한 최고의 화려한 베르사이유 궁전과 세느강 유람선상에서 에펠탑 야경을 관광하였다. 다음날 세계 3대 박물관 중 하나인 루브르박물관과 나폴레옹의 개선문, 콩코드 광장을 관광했다.

다음 유로레일로 영국에 들러 현재 영국 여왕 집무실이 있는 버킹엄 궁전과 대영박물관을 관광하였다. 나라마다 나름대로 고유한 역사를 자랑하고 있다. 특히 영국 여왕이 살고 있다는 버킹엄 궁전이나 윈저성의 화려함은 말로 다 형언할 수 없다. 당대의 유명한 조각가나 화가들의 작품들로 장식되어 있는 건축물이나 내부 장식은 보는 이들의 가슴을 설레게 했다. 영국은 역시 뿌리와 전통이 있는 나라구나 하는 생각이 들었다.

지난 토요일에는 엘리자베스 여왕이 주말을 보낸다는 윈저성을 찾아 온 가족과 함께 즐거운 시간을 나누었다. 그간의 여독이 다소 풀리는 것 같고 긴장도 완화되어 아주 여유 있는 관광이었다.

오늘은 엔틱마켓antique market에 들러보자는 딸의 권유로 영국 국민의 내면을 살펴보기로 했다. 템스강을 따라 그림 같은 경관을 바라보며 1시간 정도 달렸다. 우리나라와 반대로 운전석이 오른쪽에 있기 때문에 번번히 교통 위반으로 착각하기 쉬웠다. 캠튼파크 주변 경마장 북편에는 유명한 앤틱마켓이 있었다. 2주마다 열리는 앤틱마켓이라 한다. 한없이 넓은 광장에 빼곡히 들어선 앤틱 전시장이다. 주로 쓰다 버린 생활용품들이 많다. 낡은 가구들을 비롯해서 퇴색한 액자와 녹슨 철제의자, 이끼 낀 토분과 농기구, 철이 지난 옷가지 등 골동품 아닌 골동품 전시장이다. 쓰다 버린 상품들도 많다. 사용할 수도 없는 고물 시계와 바이올린, 기타 별 가치가 없다고 느껴지는 유리제품과 은식기, 값싼 커피잔, 헌 카펫이나 짐승가죽까지 나와 너풀거리고 있었다. 오랜 전통과 우아한 모습을 자랑하고 자존심이 강하다는 영국 국민의 품위와는 달리 이면에 숨어있는 또 하나의 새로운 멋을 발견할 수 있었다.

선조들의 손때가 묻어 있는 유품들을 아끼고 사랑하는 봉건적이면서도 온건한 마음을 엿볼 수도 있었다. 새집으로 이사 갈 때마다 장롱이나 가구들을 모두 버리고 질그릇까지 새것으로 구입해야 새집에 어울린다는 우리의 생각과는 너무나도 큰 차이가 있음에 감동을 받았다. 전통을 사랑하고 아끼는 국민성은 곧 나라를 사랑하는 정신이 아닐까? 선조들의 정신과 세월이 숨어 있는 골동품에 각별한 정을 갖고 있는 성싶다. 버려진 벽돌 하나에도, 길가에 굴러다니는 맥주병 하나에서도 거기에 스며 있는 인간미를 높이 사는 것 같았다.

나는 아파트에 새로 이사오는 사람들이 쓰다 버린 생활도구 중에 버리기엔 너무나도 아까운 것들을 많이 보았다. 때로는 내다 버린 책장을 옮겨놓고 쌓인 책들을 진열하기도 하였다. 아직 쓸만한 화분을 주워다 좋은 꽃을 심어 가꾸기도 했다. 요즈음 사람들은 너무나도 사치스러운 생활을 하는 게 아닌가 싶다. 새것에 대한 욕망의 노예가 된 현대인의 고뇌를 느낀다. 옛것을 아끼고 사랑하면서 만족할 줄 아는 지혜가 있어야 할 것이다. 오래된 물건 속에서 풍요함이 깃들어 있는 참된 진리를 깨달아야 하지 않을까?

어렸을 때 학교에서 공작작품으로 책꽂이를 만들어 보던 때가 생각난다. 서툰 솜씨로 톱질을 하고 못을 박아 열심히 만들었던 책꽂이가 얼마나 귀한 보물이었던가?

영국 국민은 옛것을 함부로 버리지 않는다고 한다. 오랜 전통으로 상징적인 여왕을 그토록 위대하게 모신다거나 근위병의 복장을 보면 바로 옛것을 그만큼 사랑하고 보전하는 의미라고 느껴졌다. 항상 새것만을 즐기는 우리 국민성과는 너무나도 대조적인 것 같았다. 온고지신溫故知新이라 새것만을 즐길 것이 아니라 옛것을 헤아려 새롭게 다듬어 고풍적인 매력을 느낄 수 있는 아름다운 감성이 아쉽다.

(2010. 5.)

작은 프랑스, 캐나다 퀘백시를 찾아서

40여 년에 걸친 아내의 교단생활을 마감하는 정년퇴임과 고희를 맞는 나에게 아름답고 영원한 추억을 남기고자 캐나다에 유학 중인 사위와 미국 LA에 살면서 할리우드의 유명한 시더(사이더) 유태계 병원에서 근무하고 있는 조카의 초청으로 1개월 가까이 여행을 할 수 있었다.

여정에 따라 캐나다에 작은 프랑스를 옮겨 놓았다는 퀘백시 QUEBEC province를 찾았다. 캐나다의 수도 오타와를 출발하여 가도 가도 끝없는 단풍길을 장장 5시간이나 달렸다. 그 단풍길은 황금색으로 물들어 마냥 고왔다. 캐나다는 정말 국기가 상징하듯 단풍의 나라다.

가는 도중에 오를레앙 섬에 잠깐 들렀다. 1970년도에 사적지로 지정된 섬이라고 하는데 오랜 전통과 풍요로운 생활을 엿볼 수 있는 곳이며 퀘벡시의 여러 가지 토산품들이 전시되어 있었다. 동화 속에 나오는 예술 작품 같은 건물들이 아담하고 짜임새 있는 상가들로 이어져 있었다.

미술작품 전시장을 비롯해서 옛날 어느 영화 속에 나오는 대장간의 조각품과 체험장이 있으며 화사한 여인들의 의복과 기념품들이 시선을 끌었다. 참으로 아름다운 섬이었다. 시간을 재촉해서 퀘벡시의 중심가에 들렀다. 5대호로 대서양에 연결되어 미국과 캐나다의 국경을 이루고 있는 세인트로렌스 강변에 자리잡은 유명한 샤또 프론트락 호텔Le Chateau Frontenac의 웅장하고 화려함에 놀랐다. 상가를 거닐면서 올드 시티old city라는 오랜 역사를 자랑하는 퀘벡시의 진모를 한눈에 보고 느낄 수 있었다. 항구에 정착 중인 세계적인 호화 유람선을 바라보고 놀라지 않을 수 없었다. 바타마에서 온 유람선이라고 하는데 선체의 길이가 276m에 74,137ton의 무게를 지닌 이 유람선에는 2,440명이나 승선할 수 있으며 승무원이 760명에 달한다고 한다. 화려하고 거대한 유람선이다. 마치 호화찬란한 별장이 강변에 떠 있는 듯했다.

먼저 퀘벡시 여행의 시발점이라고 하는 다름광장Place Darmes에 들렀다. 구시가의 중심을 이루고 있는 이 광장에는 수많은 상가들이 빽빽하게 줄을 이었으며 거리의 악사들이 여러 곳에서 공연하는 장면이 매우 인상적이었다.

동쪽에는 다이몬드 기념비가 있으며 퀘벡을 상징하는 미술 광장에서 볼 수 있는 벽화는 정말 예술의 극치였다.

생탄거리에 주황색 구리판을 입고 나온 동상 같은 사나이의 팬터

마임에 기절할 것 같은 놀람도 잊을 수 없다. 빼곡하게 들어서 있는 식당가에 거리의 악사들은 관광객의 발걸음을 멈추게 했다. 나도 흥에 겨워 아내의 손목을 잡고 서툰 스텝을 밟아 보았다. 우리 생애에 영원한 추억으로 남을 것이다. 아직도 미술광장 모퉁이에서 공연 중인 아름다운 플룻 연주자도 잊을 수 없다. 가냘프고 여린, 가슴을 울려주던 거리의 천사, 그 예쁘장한 소녀가 들려주던 칸초네 〈오! 쏠레미오〉는 언제나 내 가슴속에 남아 있다.

세인트로렌스 강변 푸른 숲 속에 수를 놓은 듯한 빨간 집들은 신화 속에 나오는 님프의 요정 같았다. 모두가 꿈꾸는 낙원이었다. 여행의 멋과 사는 보람을 함께 느낄 수 있었다. 놀라운 재치와 거침없는 대화로 생소한 외국인과 이야기를 나누고 있는 어린 손자들의 재롱도 한없이 귀엽고 사랑스러웠다.

영화 〈역마차〉의 한 장면이 떠올랐다. 화려한 항구도시 퀘벡은 단풍으로 곱게 물들고 있었다. 단풍의 나라 캐나다의 퀘벡은 언어는 물론 생활양식 모두가 프랑스의 문화를 자랑하고 있었다.

여행은 언제나 고운 무늬로 아롱져 오래오래 아름다운 추억으로 남는다.

(2005. 10. 25.)

신비神秘의 계곡溪谷 그랜드캐니언

이름만 들어오던 미국의 세계적인 국립공원 그랜드캐니언Grand Canyon을 찾았다. 야! 이렇게 거대한 장관이 어디에 또 있겠는가?

숨 막힐 듯한 감탄을 금할 수가 없다. 그랜드캐니언은 미국 애리조나주 북부에 위치한 대협곡으로 1919년에 세계적인 국립공원으로 지정된 곳이며 1979년 유네스코 자연유산에 등록되었다. 이 공원은 수억 년 동안 콜로라도 강江이 흐르면서 콜로라도 고원의 일부가 침식해서 형성된 유년기의 대협곡이라고 한다. 447km 길이에 폭이 7~29km 그 깊이가 평균 1.6km 달하여 우리나라 지리산 하나를 옮겨 놓아도 될 만큼 커다란 계곡으로 우리 인간의 상상을 초월하는 대협곡이다.

깎아지른 듯한 절벽과 철분이 가득한 형형색색의 기암괴석, 높이 솟은 바위산과 도도히 흘러가는 콜로라도 강이 어우러져 장엄한 경관을 이룬다. 깊숙한 협곡 아래를 내려다보면 현기증이 나도록 아찔하다. 고생대古生代이래 기나긴 지질열대에 걸친 지층이 세계적이면서 전형적으로 잘 보존된 곳이라고 한다. 그야말로 신비神秘한 자연의 조화다. 조물주의 오묘한 솜씨에 놀라지 않을 수 없었다. 저 멀리 아득하게 보이는 깊숙한 계곡 밑은 벌거벗고 살았던 인디언들의 삶의 터전이라고 했다. 백인들과 투쟁한 역사의 소용돌이가 잠재워지고 있는 잉카 문화를 엿볼 수 있었다.

'신의 최후 작품이요 최대의 걸작'이라고 하는 그랜드캐니언 관광은 이번 여행 중에서 최고의 절정이 아니었나 싶다. 한없이 넓고 깊은 계곡, 끝없이 길고 긴 이 협곡이야말로 지상 최대의 예술작품이다.

계곡 언덕에는 이름 모를 궁궐이 있는가 하면 아름다운 정원과 널따란 운동장이 펼쳐져 있다. 말만으로는 형용하기 어려울 만큼 장엄하고 웅대한 층암절벽이 켜켜이 쌓이고 겹쳐 보는 이의 가슴을 설레게 한다.

그랜드캐니언 중에서도 가장 아름다운 곳은 파웰 호수에서 미드 호수까지 장장 90km 구간이라고 한다. 사우스 링을 따라 전망대에 올라 대협곡을 내려다보면 절로 입이 벌어진다.

시간을 재촉하며 바쁘게 움직이는 가이드의 안내를 받아 고운 추억의 발자취를 뒤로 남기고 아쉬움을 안은 채 다음 여정에 올랐다. 특히 선택 관광으로 비싼 요금을 주고 그랜드캐니언의 숨겨진 비밀이라는 내용으로 제작되어진 영화를 통해서 그랜드캐니언을 속속들이 볼 수 있는 I-MAX 영화를 보았다. 인디언들의 잉카문화를 좀 더 자세히 볼 수 있었다. 내가 탄 비행기가 직접 그 깊고 어마어마한 계곡을 샅샅이 찾아 들어가 탐색하는 듯한 착각 속에 파묻혔다. 그야말로 천지창조를 체험하는 느낌이다. 몸이 떨리고 가슴이 울렁거렸다.

그랜드캐니언은 경관이 아름다울 뿐 아니라 지리학적으로도 가치가 높은 곳이다. 사생대 이후 20억 년에 걸친 지층이 그대로 보존되어 있으며 메마른 듯한 그곳에 콜로라도 소나무를 비롯한 식물이 1,500여 종이나 있으며 조류가 300여 종, 기타 포유류가 76종이 서식하고 있다고 한다. 그 깊은 산간 계곡과 층암절벽 밑에서 맨몸으로 맹수들과 싸우며 백인들과 치열한 생존 경쟁에 시달리던 인디언들의 삶의 현장에서 인류 역사를 헤아려볼 수 있었다.

수천 년 전부터 이곳에 뿌리를 내리고 살아온 하바수파이족과 나바호족 등이 현재 법적으로 보호를 받고 있다고 한다. 한때 북미대륙의 주인이었으나 이제는 특정 인디언 보호지구로 대접을 받고 있으니 역사의 흐름은 아무도 모를 일이다.

나는 신비神秘의 계곡 신神의 마지막 걸작을 가슴에 담아 고국의 품으로 돌아왔다.

길고 하얀 구름의 나라 (1)

하얀 눈발이 간간이 흩날리는 인천공항에 출발 시간보다 2시간 정도 빠르게 도착했다. 두 달 전에 예약했던 탑승권을 받고 출국수속을 밟기 위해서 일찍 서둘러야 했다. 대한항공 KE129편 여객기는 17시 정각에 이륙하여 밤을 가르며 3,600피트의 고공을 평균 910km의 속력으로 달려 한국 시간보다 4시간 빠른 현지시각 아침 8시 20분에 오클랜드 국제공항에 착륙했다. 미리 나와 있는 딸 내외의 영접을 받아 꿈에나 그리던 평화로운 행복의 나라에 안겼다

키아오라KIAORA! '안녕하십니까?', '길고 하얀 구름의 나라', '세계에서 제일 젊은 나라'에 오신 것을 환영한다는 문구가 눈에 띄었다.

뉴질랜드New Zealand는 남위 34~47도 사이에 위치하고 있다. 길이 1,600km로 우리나라의 1.2배에 이르며 쿡해협을 사이에 두고 두 개의 섬으로 이루어져 있다. 인구가 430만 명으로 인구밀도는 낮은

편이며 오클랜드 시에 140만 명이 살고 있다.

우리나라 기후와는 정반대로 남반구의 온대지방에 속해 해양성 기후로 한서의 차이가 심하지 않다. 1년 중 가장 무더운 때는 1~2월이며 지금은 초여름에 해당된다.

이곳은 하루에 사계절이 나타난다고 할 만큼 기온의 변화가 심하다. 조석으로는 제법 삽상한 바람이 안섶을 파고든다. 그러나 한낮에는 따가운 햇살이 제대로 여름날로 바꾸어 놓는다. 눈보라 속에 한파가 밀려오는 조국을 연상하며 이역만리 타국 땅에서 여름휴가를 즐긴다는 것이 내 생애에 다시 없는 기쁨이 아닌가 한다. 이 세상에서 가장 살기 좋은 나라에 와 있기에 하는 말이다. 푸른 잔디의 대초원에 소와 양이 한가로이 풀을 뜯는 목가적인 나라다. 거리마다 낯익은 꽃들이 손을 흔들어 반겨준다. 우리나라에서 흔히 볼 수 있는 참새와 비둘기, 오리 떼와 갈매기가 민가에서 가까이 살고 있다. 빨간 꽃술을 단 크리스마스 트리라는 포후투카와 나무와 우리나라 국화인 무궁화가 화사하게 피어나고 갖가지 백합화와 장미꽃이 유난히 향기롭다.

난초과에 속하는 보랏빛 에카펜더스와 키가 높이 자라 가로수로 사랑받는 열대성 종려나무가 야자수와 함께 이국적이다. 넓은 대지에 차분하게 세워진 건물들이 웅장함보다 조용하다 못해 고요를 느끼게 한다. 예쁜 꽃동산에서 도란도란 즐거운 이야기를 나누는 듯한 주택들이 평화를 엮어가는 것만 같다.

뉴질랜드 관문 도시인 오클랜드Auckland는 이 나라 전체 인구의 3분의 1 이상이 살고 있다. 뉴질랜드의 최고의 도시이자 교통, 경제,

문화의 중심지이다. 오클랜드는 1840년부터 수도가 웰링턴으로 옮겨가는 1865년까지 식민지 시대의 수도였다. 뉴질랜드는 도시 주변에 시민을 위한 공원이 많다고 한다. 특히 오클랜드에는 마운트 이든(에덴동산)과 원트리 힐이 있어 관광객을 유혹한다. 오클랜드에서 가장 높은 지대라고 하는 에덴동산은 아주 유명한 관광지다. 가장 높은 화산 분화구로 그 높이가 196m다. 정상에 오르면 휴화산과 규모가 큰 분화구를 볼 수 있으며 오클랜드항과 시내를 한눈에 볼 수 있다. 에덴동산에서 도시를 내려다보면 멀리 와이테마타 항구에서 반짝이는 바닷물결이 보인다. 녹지가 많은 도시 속에 아담하게 자리잡은 집들이 마냥 다감하게 보인다. 바다에 인접해 있는 오클랜드 시민은 요트 타기가 최고의 즐거움이라고 한다. 세계에서 시민 1인당 요트 소유 수가 가장 많은 도시라서 '돛대의 도시'라고도 한다.

원트리 힐One Tree Hill은 초기 국제협의회 회의장이 있었던 카페가 아직도 있어 잠깐 쉬어 가기에 알맞은 지역이다. 몇백 년 묵은 연리목과 아름드리 나무가 줄을 지어 관광객의 눈을 사로잡는다. 산책코스로 알맞은 콘웰 파크Coronwall Park에는 원트리 힐이라는 기념탑이 있다. 약 2만 년 전에 분화한 것으로 이 도시에서 가장 오래된 화산 중 하나다. 한 그루의 큰 나무가 어느 날 누군가에 의해서 잘려나가고 그 나무를 대신하여 높은 기념탑이 세워졌다고 한다. 18세기 마오리족의 요새지로 정상에 올라가면 양 떼들이 잔디를 뜯어먹는 모습이 한 폭의 그림처럼 평화롭게 보인다. 저만큼 아래로 보이는 분화구에는 검은 돌을 쌓아 만든 문자와 하트 모양이 아름다운 추억으로 남게 한다.

여행은 언제나 새로운 인생을 꾸며나가는 것이라고 할까? 이역만리 타향에서 사랑하는 자녀들과 정다운 시간을 나누고 영원한 그리움을 듬뿍 안고 돌아가리라. 오클랜드에서 세계적인 선교사의 꿈을 펼치고 있는 나의 셋째 사위의 소망이 이루어지기를 기원하면서.

(2010. 12. 15.)

길고 하얀 구름의 나라 (3)

가도가도 끝이 없는 초원이다. 낮은 산맥으로 이어지는 푸른 언덕에는 양과 얼룩소가 무리를 지어 한가롭다.

북섬의 중심 도시 로토루아 관광을 위해 새벽부터 서둘러 8시에 출발하였다. 장장 300km의 거리를 3시간 반 정도 달렸다. 푸른 들판이 지평선인지 수평선인지 구분할 수 없는 질주 속에 이루어지는 여행이다.

고속도로라 하지만 통행료를 받지 않아서인지 국토를 아껴서인지 우리나라처럼 직선이 아니었다. 그저 자연 그대로 지형을 따라서 달렸다.

몇 차례 간이 휴게소에서 휴식을 취하고 한인협회 회장이 경영하는 맨하탄모텔에 짐을 풀었다. 겉보기보다 내부시설이 편하게 되어 있어 다행이었다. 기독교신자이면서 군산에서 몇 년 살았다는 회장의 말에 더욱 친근감이 들었다.

유황의 도시 로토루아는 로토루아 호수와 타라웨라 산을 끼고 발전한 도시다. 뉴질랜드에서 11번째로 큰 도시로 인구 6만 8천 명이 살고 있다. 이곳에서 관광객을 제일 반기는 것은 독특한 유황냄새다. 그래서 '유황의 도시'라고도 한다. 뿌연 연기가 안개처럼 피어오르는 온천호수와 온천폭포는 살아 있는 지구의 내부를 해부하고 있는 느낌이 들었다.

로토루아 호수 남쪽에는 시내가 형성되었고, 서쪽에는 뉴질랜드의 상징인 아그로돔과 송어양식장인 파라다이스 빌리지가 있다. 남쪽에는 마오리마을과 간헐천이 있는 와카레와레와 타라웨라 산이 그 위용을 자랑하고 있다. 현재 이 도시에는 5천 명의 마오리인들이 전통적인 역사와 문화를 이어가고 있다.

로토루아는 볼 것이 너무 많다. 적어도 2~3일의 여유를 가져야 한단다. 이 도시의 주변에는 화산활동의 결과로 감탄할 만한 자연의 아름다움을 마음껏 즐길 수 있다.

로토루아 호수는 이 지역 12개 호수 중에서 가장 큰 호수로 화산들이 폭발하는 과정에서 커다란 웅덩이가 파여 호수가 되었다. 이 호수는 시가지 동쪽 가까이 자라잡고 있어서 시민과 관광객의 휴식처로 많은 사랑을 받는다. 날씨가 좋을 때는 사람들이 '호반의 여왕'이라고 하는 배를 타고 유람을 즐긴다. 갈매기와 참새, 흑백조라는 검은 고니가 사람들 가까이 와서 먹이를 기다리고 있다. 호숫가에서 사람들과 공생하는 자연 속의 새들이다.

나는 생전 처음으로 토막영어를 사용하여 보트를 타고 있는 낚시꾼들과 즐거운 대화를 나눴다. “안녕하십니까? 당신을 만나서 반갑습니다. 나도 낚시를 즐기는데 한 번 보여줄 수 없나요?”라고 했다. 그런데 이게 웬 떡? 고기를 한 번 보자고 했는데 한 마리 달라는 것으로 알고 큰 송어 한 마리를 선물로 주어 염치없이 웃으면서 받았다. 안사람을 보고 엄지손가락을 치켜세우며 칭찬을 아끼지 않았다.

“당신은 정말 아프리카 땅에 떨어져도 굶지 않고 살아날 거야! 당신이 영어를 그렇게 잘할 줄 예전엔 미처 몰랐어요!”라면서 아내는 저녁 준비에 바빴다. 이 송어 한 마리가 네 사람의 저녁 식사를 즐겁게 해줄 줄은 꿈에도 몰랐다. 어쩌면 이 여행을 통해 가장 기억에 남을 추억이 될 것이다.

저녁 만찬을 하고 밤 11시까지 개장한다는 세계 10위의 폴리네시안 스파에 갔다. 별이 빛나는 해변, 야외 온천에서 하루의 피로를 풀었다. 지하에서 분출되는 라듐과 프리스토가 첨가된 광천수가 근육통이나 관절염에 좋다고 한다.

호수에서 불어오는 청아한 바람을 맞으며 온도에 따라 이곳저곳으로 옮겨 다니다가 한국에서 패키지 관광투어로 온 일행을 만났다. 뜻밖에 전주와 익산에서 온 분들이었다. 외국에서 고향사람들을 만나니 한결 더 포근한 정이 느껴졌다. 호주 시드니를 거쳐 이곳에서 하룻밤 머물게 되었다고 한다.

세계 어느 관광지를 가든지 한국인이 많다. OECD 국가로 경제 11위국에 이르니 그럴 만도 하다. 코너마다 영어, 중국어, 한국어, 일본어 순으로 안내를 해준다. 우리 국민에게 그래도 하나님의 사랑과 축복이 충만하구나 싶어 기뻤다. 우리나라도 뉴질랜드와 같은 평화가 이루어졌으면 좋겠다는 생각이 들었다.

(2010. 12. 22.)

잊을 수 없는 하얀 절벽

끝이 없는 초원의 나라, 지평선과 수평선이 입맞춤하는 나라 영국이다. 1인당 점유하고 있는 녹집률이 세계에서 제일이라 할 만큼 넓고 넓은 들녘이 온통 푸른 초원이다. 양 떼가 평화로이 몰려다니고 젖소와 경주마가 옷을 벗은 채 마음대로 달린다.

우거진 숲 사이로 흐드러지게 핀 벚꽃과 라일락 향기 속에 노란 수선화와 튤립이 봄을 한껏 즐기는 것만 같다. 더욱이 해안에 있는 도시는 그림 같다.

런던에서 남쪽 해안을 따라 전개되는 '헤이스팅스Hastings'라고 하는 해변의 도시를 찾았다. 파도가 넘실거리는 해변에는 벽돌색 자갈들이 손님을 반긴다. 붉은색을 띤 바둑알 같은 조약돌이 발바닥을 간지럽게 한다. 태양을 즐기는 젊은이들의 사랑스런 속삭임이 한 폭의 그림 같다. 술 취한 어느 노인이 팬티만 입고 벌벌 떨면서 파도를 타는 모습도 잊을 수 없다.

꺼멓게 낡은 뱃집에서 물건을 사고파는 상가나 거리를 혼잡하게 하는 장돌뱅이 같은 거리의 천사들도 볼만하였다. 바다의 꿈과 낭만이 피어나는 해변의 도시에서 생선으로 다져진 피쉬엔칩스fish end chips로 점심을 먹고 좁은 시가지를 빠져나와 하얀 절벽을 자랑하는 아름다운 '이스트븐Eastbourne' '하이트 크리프'를 찾아갔다. 초행길이라 네비게이션의 안내에 따라 한없이 달리는 듯했다. 생각보다 도로가 넓지 않다. 오랜 수목과 자연 생태계를 보호하는 국민성에 깊은 감동을 받았다. 끝없이 이어지는 초원과 유채꽃 단지를 지나 양 떼들의 언덕을 넘고 넘어 겨우 석회암이 부서져 내린 하얀 절벽, 이스트본에 도착하였다.

"야. 대단하다!" 깎아 세운 듯한 하얀 절벽이 출렁이는 파도와 함께 봄볕을 흠뻑 마시고 있었다. 넘실대는 파도와 같은 절벽이 일곱 개나 되는 언덕으로 이루어져 있다. 그래서 일명 '세븐 시스터스 seven sisters'라고도 한단다. 정말 신기한 바다의 절벽이다. 신의 명령을 받아 무서운 파도가 큰 칼을 들고 하얀 절벽을 내리 깎아 지른 것이 아닐까? 그 광대한 절벽이 하얀 속살을 드러내고 바닷바람을 마시며 햇볕을 즐기고 있다. 석회석이 조약돌처럼 깔려 있는 해변을 거닐면서 꿈도 꾸지 못했던 이야기를 나누어 본다. 조각가의 솜씨로도 어려운 수석들이 유혹한다. 아주 재미있는 동화들이 그 속에 숨어 있다. 수많은 동물의 세계가 그려져 있다. 흰 갈매기가 새끼를 품고 있는 장면을 한 점 몰래 보듬어 왔다. 어린 손녀가 깡충거리며 물장난을 친다. 참 사랑스럽고 예쁘다. 처음 보는 것이라서

인지 모두가 경이롭고 아름답다.

우리나라 제주도에도 신이 만들어 놓은 듯한 검은 절벽 주상절리가 있지 않은가? 외국 사람들도 제주도와 같은 관광지에서 휴양을 즐긴다면 참으로 멋진 곳이라고 느낄 것이다. 자연의 신비와 인간의 감성이 넘쳐 흐르는 가슴으로 돌아오는 길에 아름다운 마을로 유명한 '코츠 월드cots wolds'를 찾았다. 아주 예스러운 고을이다. 좁은 골목에 잡화상이 빼곡하게 들어서 있다. 정말 흥미로웠다. 보는 대로 상품을 구입할 수 없어 그저 아이쇼핑으로 관광을 마쳤다.

안사람은 가는 곳마다 탄성을 지르며 보는 것마다 욕심을 낸다. 그러나 정작 세일 상품이 아니면 사지 않는 약삭빠른 근성이 나를 웃게 한다. 세일 판매는 세계 어디를 가나 손님을 유혹하는 최고의 상술인 것 같다. 속임을 당하는 것 같으면서도 명품이 50%세일이라고 하면 관심이 간다. 나 역시 건강 식품과 몇 가지 선물을 구입하는 데 도움을 받았다. 아무리 가볍게 다녀오리라 다짐해도 외국상품에 대한 호기심은 버릴 수 없다. 국산품도 좋은 것이 참 많은데 왜 이럴까?

나는 국산품 애용을 강조하는 편이다. 독일제 쌍칼이나 스위스 시계, 프랑스 향수, 이태리 영국제 가구만이 최고라는 우리 국민의 사치성도 변화되어야 한다고 생각한다. 우리나라 상품도 국제적인 제품이 많다. 조선소에서 제작되는 선박을 비롯해서 자동차와 전자제품은 세계적이다. 의복과 가구 등 고급 생활필수품이 얼마든지 있지 않은가?

우리나라에도 제주도와 백두산, 금강산이 있다. 삼면이 푸른 바다로 에워싸인 그야말로 아름다운 금수강산이다. 우리나라에 한강이 흐르고 있는 한 삶의 맛과 멋을 즐길 수 있는 나라가 아니던가?

(2010. 5. 15.)

평화를 위해 바친 피와 땀과 눈물

제2차 세계대전을 승리로 이끈 영국의 명 수상 윈스턴 처칠 Winston Churchill은 영국이 나은 위대한 정치가요, 문학가이며 화가였다.

처칠은 1874년 11월 30일 옥스퍼드셔 우두스톡 블레넘궁에서 태어났다. 샌드러스트 육군사관학교를 졸업한 그는 스물여섯 살 때 하원의원이 되어 육군장관과 해군장관, 식민장관을 역임했다. 제2차 세계대전 당시 영국수상으로 재임하면서 미국의 루스벨트 대통령과 합의하여 대서양 헌장을 발표하였다. 또한 카이로회담과 포츠담회담을 열어 힘을 모으고 미국, 소련과 연합하여 제2차 세계대전을 승리로 이끌어 세계 평화 유지에 이바지했다.

그는 1940년 5월 13일 신임총리로서 의회에 나가 "나는 영국 국민을 위해서 피와 땀과 눈물 이외에는 아무것도 바칠 것이 없다."라고 한 최초의 명연설로 전원일치의 신임투표를 얻었다. 여러분이 저에게 정책이 무어냐고 묻는다면 저는 신이 베풀어 준 모든 힘을 모아 평화를 파괴하는 적과 싸우는 것이라고 말할 것입니다. 또 제 목표가 무엇이냐고 묻는다면 저는 승리라고 대답할 것입니다. 모든 것을 바쳐 얻는 승리 없이는 죽음만이 기다릴 뿐입니다. 항상 시가를 물고 얼굴 가득히 밝은 미소를 띠고 두 손가락으로 승리를 다짐하는 브이V 자를 그리며 대중 앞에 섰던 처칠은 인생 전체를 승리로 이끈 위인이다. 그가 옥스퍼드 대학 졸업식 축사에서 많은 청중들의 환호와 기대 속에 단에 올라서 힘 있는 목소리로 "포기하지 말라."고 짧고 굵게 강조하였다 "절대로 포기하지 말라." 이것이 그날의 축사 전문이었다. 그야말로 위대한 수상이요, 문학가로서의 철학적인 연설이었다. 어느 날 의회시간에 왜 자주 지참하느냐고 물어오는 의원에게 당신도 나처럼 미인하고 살면 그렇게 될 거야! 하고 호탕스럽게 웃어넘기면서 일사천리로 회의를 잘 마쳤다고 한다. 처칠은 이와 같이 많은 일화와 명언을 남긴 정치가였으며 1953년에 ≪제2차 세계대전 회고록≫으로 노벨 문학상을 받은 문장가였다.

처칠의 자택인 블레넘궁Blenheim palacic은 말버러 공작의 저택이다. 300여 년 전 제1대 말버러 공작에게 많은 전공을 기리기 위해 당시 앤 여왕이 큰 저택을 지어 하사하였단다. 블레넘은 말버러 공작이 승리를 거둔 전쟁터의 이름이다. 그 뒤 처칠 가문의 맏아들들은 대를 이어 공작의 지위와 재산을 물려받으면서 살아왔다. 바로크 양식의 석조 건물로서 존 베브루가 설계한 건축물로 유럽에서 인정하는 최고의 걸작이라고 한다. 그래서 1987년에 세계 문화유산으로 지정되었다.

200여 개에 달하는 주랑식 현관을 가진 이 건물은 실로 궁전이라는 이름에 걸맞게 호화롭다. 건축물이나 정원의 규모가 워낙 큰 궁전이라 보는 이로 하여금 탄복게 한다. 지금 11대 말버러 공작인 '죤 스팬서 처칠' 공이 살고 있는데 세계 부자 순위가 224위라고 한다. 참으로 웅장하면서도 멋지고 아름다운 성이다.

성안 1층에는 처칠 박물관이 있는데 그가 유년 시절에 친필로 쓴 편지와 즐겨 읽던 책, 사진, 그림 등이 전시되어 있다. 그 옆에는 처칠이 태어난 방으로 침대와 함께 처칠이 입었던 배냇저고리까지 전시되어 실감이 났다. 말버러 가문의 역사를 한눈에 볼 수 있는 방에는 이 궁전이 지어진 이래 한 번도 멈춘 적이 없었다는 시계가 있어 눈길을 끌었다. 미인들만 그렸다는 여러 초상화와 그에 얽힌 에피소드도 흥미로웠다. 방에 전시된 유품으로 시계나 가구, 촛대, 그림 등이 너무나도 잘 보존되어 있다. 아주 값진 보물이라고 한다. 1층 끝에는 또 어마어마한 도서관이 있고 천장에 닿을 것 같은 오르간도 전시되어 있다. 성 안에는 조그마한 교회와 극장이 있어 그 안에서 사회생활을 다 할 수 있다고 한다.

현관을 나와 다시 2층에 오르면 말버러 가문의 역사를 관찰할 수 있는 방이 연이어 있다. 방마다 단계별로 설명해주는 영상과 어깨를 들먹이며 손발을 움직이는 커다란 인형들이 퍽 인상적이다. 다소 시간이 걸렸지만 의미가 있었다. 끝없이 넓은 정원을 거닐면서 계절의 향기를 맛보았다. 호수와 분수대가 있고 멀리 평화로운 낚시터도 보인다. 아름다운 조각상과 수선화, 튤립을 비롯한 여러 가지 꽃들이 마냥 향기롭다. 궁전 앞에 있는 호수와 다리는 한 폭의 그림 같다. 영화 속에 나오는 한 장면을 연상케 하여 저절로 감탄사가 터져나온다.

윈스턴 처칠은 뛰어난 천재가 아니었다. 사관학교 입학시험에도 두 번이나 떨어지고 세 번째에야 겨우 합격했다고 한다. 그러나 타고난 추진력과 끈기가 있었다. 투철한 정치 신념으로 제2차 대전을 승리로 이끌었으며 노벨문학상까지 받았다.

처칠은 우리에게 많은 교훈을 남겼다. 윌슨 수상이 말한 것처럼 그는 자기 스스로 역사를 만들어간 위대한 인물이었다.

(2010. 5. 31.)

이별은 미美의 창조다

만해 한용운韓龍雲 시인은 〈님의 침묵沈黙〉에서 '만날 때 떠날 것을 염려하는 것처럼 이별은 만남의 약속이다.'라고 읊었다.

반 달이 넘도록 정을 담은 둘째 내외와 손자들의 사랑 속에 생전 처음으로 느껴보는 행복에 젖어 있었다. 시간이 나는 대로 여러 곳을 관광하면서 새로운 것을 보고 많은 지식을 얻었다. 해가 지지 않는다는 영국은 유유히 흐르는 템스강처럼 화려한 역사를 자랑하면서 영원한 평화를 약속하는 듯하다.

지난 4월 13일 새벽에 떠나 12일간의 서유럽 6개국 관광을 마치고 마지막 날인 4월 24일 영국 런던에 살고 있는 자녀들과의 즐거운 만남이 엊그제만 같은데 어느 사이에 작별의 순간이 왔다.

딸을 가진 사람은 비행기를 탄다는 말이 실감난다고나 할까? 딸부잣집이라고 소문난 우리에게 정말 행운의 기회가 왔다. 지난 해부터 영국에 주재하는 사위의 초청을 받아 오늘의 기쁨을 나눌 수 있어 얼마나 좋은지 모르겠다. 귀한 손자 남매가 건강하게 자라고 이국땅에서도 잘 적응하고 있다 하니 천만다행이다. 학교생활도 무난하다고 한다. 명문 사립학교에 입학했는데 우리나라 대학생보다 더 많은 학비를 부담해야 한단다. 초등학생은 등하교 시간에 학부모가 대동하는 경우가 대부분이다. 철저한 생활 지도와 책임 있는 교육이려니 싶다. 학생들은 모두가 학교생활을 즐긴다. 각종 예체능 활동으로 각자에게 맞는 특기 신장에 몰두한다. 일반 학과에도 매우 충실하다. 날마다 과제 점검을 철저히 실시하여 그날그날 우수한 학생에게 학교장이 직접 표창을 하면서 학생들의 사기를 높여 주고 학부형들의 관심을 촉구한다.

나는 전직이 교사인지라 어느 나라에 가든지 그 나라 교육제도를 살펴본다. 대학 입시에 매달려 몸살을 앓는 우리나라에 비해 정신적인 여유가 있다. 유치원에서부터 공중도덕과 질서를 중시하는 생활교육을 토대로 하는 전인적인 교육제도에 공감했다. 개인의 능력과 적성에 맞는 교육, 생활전선에 적응할 수 있는 다양한 교육을 실시하고 건강관리를 위한 체력단련도 필수적이다. 결코 위대한 정치가나 권력을 휘두르는 권좌에서 재벌이 되겠다는 헛된 꿈은 심어주지 않는다. 참으로 인간적인 멋과 지성인을 자부하는 영국 국민들의 의식이 정말 부럽다. 나는 이러한 선진국에서 손자들이 오랫동안 배우고 익혀 훌륭한 인격자로 성장하여 우리나라를 위해 열심히 일하는 엘리트가 되어 주었으면 하는 바람이다.

여행사의 바쁜 일정에 쫓기는 관광 코스를 벗어나 여유 있게 즐겼다. 영국 여왕이 주말에 휴식하면서 보낸다는 궁전, 화려한 윈저 windsor 성에서 이 나라의 찬란한 역사와 예술적인 건축물에 감탄하지 않을 수 없었다. 그 방대한 규모와 수목들 사이에서 피어나는 꽃향기가 보는 이의 넋을 앗아 가는 것 같다. 어디를 가나 푸른 초원과 호수가 있어 백조와 오리들의 환영을 받는다.

헨리 8세가 이룩했다는 햄프턴코오트Hampton Court 궁전은 템즈강 유역에 자리한 유명한 궁전이다. 역대 국가원수들이 이곳에서 많이 살았다고 한다. 이탈리아인 마야노를 초청하여 설계했으며 건축 장식은 테라코타의 메다이용에 의하여 꾸며진 것이라고 한다. 영국에서는 르네상스 시대의 최초 작품이라고 한다. 그 웅장한 내부 규모나 당대 유명한 화가들의 작품은 가히 환상적이었다. 이곳에서는 한국에서 오는 관광객을 위하여 우리말로 안내해주는 수신기를 내주어 아주 고마웠다. 240핵터나 되는 아름다운 정원을 돌아보면서 더 늙기 전에 좋은 추억을 남기자는 아내의 독촉에 자꾸 디지털 카메라를 눌렀다. 아직은 사진발이 고운 편이라고 하면서 나를 구슬리는 아내의 농담에 슬며시 빠져들었다.

그 옛날 노르만디 전쟁터에 승리의 기념으로 성을 쌓았다고 하는 해변의 도시에서는 흑백의 대조를 이루는 호텔과 상가를 보면서 영국의 깊은 역사를 되새겨 보았다. 모두가 한 편의 예술품이다. 푸른 초원에 그림 같은 집을 짓고 한평생 살아가는 영국 사람들은 항상 여왕의 꿈속에 영원한 평화를 심고 가꾸는 것 같다.

아름다운 마을로 유명한 코츠 월드 Cots wolds마을도 다시 가고 싶다. 수선화와 튤립이 만발한 고장, 겹겹으로 피어나는 벚꽃들이 향기롭다. 흐르는 냇가에 병아리 같은 오리 새끼들이 졸래졸래 어미를 따라다니는 장면도 잊을 수 없다.

5월은 청춘의 달이요. 가정의 달이다. 초록빛 5월이 라일락 향기 속에 곱게 젖어드는 아름다운 계절, 어린이날과 어버이날, 스승의 날, 부부의 날이 들어 있는 5월의 꿈은 항상 푸르기만 하다.

어린이에게 희망과 용기를 주고 부모에게 효도하며 스승의 은혜에 보답하는 값진 계절이다.

어버이날이 겹쳐 젊은이들의 부담이 커진 것 같다. 명품들만 모아 판매하는 비스터 빌리지Bicester village 아울렛 마켓에 들러 여러 가지 선물을 사고 이태리의 파스타와 바닷가 생선을 비롯해서 열대성 과일과 향기로운 와인으로 내 입맛을 돋우어 주었다. 참으로 행복한 순간들이었다.

새벽을 여는 새소리에 푸른 초원과 목장이 어우러진 예술의 도시, 런던은 템즈 강변에 노를 저어가는 백조의 꿈과 함께 새로운 역사를 창조해 나가는 성싶다. 이역만리 타국에서 따뜻한 정을 나눈 자녀들과 작별의 시간을 맞으려 하니 눈시울이 뜨거워진다.

내년에는 사위가 근무하는 회사의 배려로 가족 모두 모국 방문의 기회가 있다고 한다. 허전하고 아픈 가슴을 달래면서 이별의 안타까움보다 다시 만나리라는 소망을 키워야겠다. 이별은 만남의 약속이요, 미美의 창조라고 하지 않았던가?

(2010. 5. 17.)

詩와 隨筆로 짠 서상옥 문학의 그물망

– 서상옥 수필집 ≪그림보다 의미 있는 이야기≫ 출간에 부쳐

김 학
(수필가 · 전북대학교 평생교육원 수필창작 전담교수)

1. 서상옥과 문학의 만남

湖心 서상옥은 고려의 충신 서희徐熙 장군의 후예다. 무사의 집안에서 시와 수필로 필봉을 휘두르는 문사가 태어난 셈이다. 서상옥의 고향은 김제시 백구면 학동. 이름만 들어도 갈매기와 학이 날아다니는 고장이니 얼마나 한가롭고 평화로운 동네이겠는가.

원래 선조의 고향은 전남 광양이었다. 그런데 지리산 줄기 백운산 자락에서 학문을 닦던 조부가 큰 뜻을 품고 넓은 평야 김제로

옮겨 자리잡고 그곳에서 영재를 모아 기르면서부터 김제 사람이 되었다.

꼿꼿한 유학자인 할아버지와 아버지 슬하에서 자란 서상옥은 어려서부터 선비정신이 몸에 배어서 그런지 '바르게 살다가 의롭게 죽자.'는 소망을 안고 살아왔다고 한다.

원광대학교 법대를 졸업하고도 법조계가 아니라 교육계에 발을 들여놓은 서상옥은 40년 가까이 후진 양성에 진력하다 중등학교 교감으로 퇴직하였다.

감성이 풍부한 서상옥은 월간 ≪한국시≫와 계간 ≪백두산문학≫에서 시로 등단하였고, 또 계간 ≪대한문학≫에서 수필로 등단하여 시인이자 수필가로 문단에 얼굴을 내밀었다. 어린 시절부터 집안의 분위기가 서상옥을 문사로 만든 것 같다.

湖心 서상옥은 춤도 잘 추고 노래도 잘 부른다. 〈베사메무쵸〉는 그가 즐겨 부르는 노래다. 서상옥은 노래와 춤 못지않게 서정적인 시와 수필을 잘 빚는 걸 보면 뛰어난 예술적 감성을 갖고 태어난 것 같다.

술 한 잔 마실 줄 모르고 담배 한 대 피울 줄 모르면서도 친화력 있는 인간관계를 유지할 수 있는 그 비법은 어디서 나오는 것일까?

湖心 서상옥은 일찍이 ≪사랑과 그리움이 메아리쳐 올 때≫란 산문집을 출간하였고, 2010년에는 첫 시집 ≪꽃무릇 연정≫을 출간하기도 하였다.

서상옥은 2008년 전주안골노인복지관에 수필창작반이 개설되자

1기생으로 등록하면서 수필과 인연을 맺었고, 이듬해부터는 또 전북대학교 평생교육원 수필창작반에 나오면서 수필과의 인연이 더 깊어졌다.

그러다가 계간 ≪대한문학≫ 2009년 겨울호에 〈엘리자베스 테일러와 오드리 햅번〉 외 1편의 수필로 신인상을 수상하여 수필가로 등단하였다. 자타가 공인하는 시인 · 수필가가 된 것이다. 70대 중반에 등단하고 지난 해 시집을 내더니, 이번에는 ≪그림보다 의미 있는 이야기≫란 수필집까지 상재하기에 이르렀다. 늦깎이 등단이지만 보라는 듯 발 빠른 행보를 보이고 있다.

湖心 서상옥의 부인 박은주 여사 역시 40여 년간 중등학교에서 교편을 잡았던 분이다. 맞벌이 부부교사였던 것이다. 그들 사이엔 1남 5녀가 있다. 아들 하나 낳으려다 딸을 다섯이나 낳았다. 아들선호사상이 빚은 결과라고나 할까?

그러나 서상옥, 박은주 내외는 삼성그룹 영국책임자로 근무하는 공학박사 사위 덕에 유럽여행을 다녀왔고, 또 뉴질랜드 선교사로 활동하는 목사 사위 덕에 뉴질랜드에도 다녀오는 등 작년 한 해 동안에 두 번이나 해외여행을 하여 이웃사람들의 부러움을 사기도 했다. 딸을 낳으면 비행기를 탄다는 속담이 사실임을 증명해주고 있다. 또 의학박사인 치과병원 원장 사위도 있으니 서상옥 부부는 치아의 안전보장을 걱정하지 않아도 될 듯싶다.

서상옥 부부의 외아들은 지금 경기도 평택에서 대학입시 전문학원을 경영하고 있다니 누가 보더라도 이만하면 자식농사를 잘 지었다고 해야 할 것 같다.

시인이자 수필가인 湖心 서상옥은 학창 시절부터 꾸준히 일기를 써왔다. 또 어린 시절부터 문학작품을 탐독했고, 독후감을 꼬박꼬박 일기장에 기록했다고 한다. 뿐만 아니라 책을 읽으면서 마음에 와 닿는 글귀를 메모하는 버릇이 있었는데 그것이 글을 쓰는 데 큰 도움이 되고 있다고 고백한다.

湖心 서상옥은 문단활동 외에도 이리공고 학교운영위원장, e-편한 세상 아파트경로당 회장, 김제 난산초등학교 총동창회장과 장학회장 등을 역임하며 활발하게 사회활동을 하고 있다.

湖心 서상옥은 인간 100세시대의 어른답게 꾸준히 운동을 하여 건강관리를 하며 폭넓은 사회활동으로 보폭을 넓혀가고 있어 앞으로가 더 주목된다.

2. 서상옥의 수필세계

이번 수필집 ≪그림보다 의미 있는 이야기≫에는 湖心 서상옥이 그동안 한 편 한 편 써놓은 수필 55편을 6부로 나누어 실었다. 이 수필집의 서문에서 서상옥은 이렇게 소회를 피력하고 있다.

> "황혼이 깃들면 노을빛에 가슴이 울렁였습니다. 방황하던 생의 뒤안길에서 그리움에 몸부림쳤습니다. 흐르는 세월의 이야기를 가슴에 담아 가까스로 붓대를 가누어 봅니다. 언제나 붓끝이 떨렸습니다. 버거운 인생의 발길이었습니다. 사랑이라는 말도 연민이었고, 그리움도 먼 산울림이었으며, 미움도 애처롭게 묻

혀가는 것 같았습니다. 이제금 빛바랜 추억을 되살리면서 숨겨 둔 앨범을 펼쳐봅니다. 퇴색해 가는 일기장과 사랑의 편린들을 매만져 봅니다. 그저 고왔던 삶인 양 미소를 지으며 속절없었던 지난날을 글발에 옮겨봅니다."

감성이 젊은이 못지않게 말랑말랑하고 부드럽다. 새봄에 솟아오르는 새순처럼 나긋나긋한 언어의 유희다. 참으로 감미롭기 짝이 없다. 시와 수필을 말씀으로 잘 그려내는 언어의 연금술사라 하지 않을 수 없다. 이제 湖心 서상옥의 수필 속으로 들어가 보자.

용광로처럼 타오르는 어머니의 사랑은 자녀들의 영혼을 아름답게 가꾸어준다. 그 영원한 사랑은 우리의 가슴을 따뜻하게 해 준다. 마음에 풍요를 가져다주고 고요한 평화를 안겨준다. 어머니의 사랑은 멎을 줄 모르는 영원한 그리움이다. 나는 오늘 어머니의 영원한 사랑을 그리워하며 하염없이 눈물을 떨군다.

– <어머니의 사랑과 그리움> 결미

어머니의 자식 사랑은 동서고금이 다를 바 없다. 눈보라치는 겨울 길을 잃은 어머니는 자기 옷을 벗어서 아기를 감싸안고 자신은 얼어 죽었다. 그런데 가까스로 그 아기가 구출되어 나중에 영국의 수상이 되었다는 데이비드 로이드조지 이야기를 비롯하여 위대한 어머니들의 일화를 엮어 한 편의 맛깔스런 수필을 빚었다. 마을 뒷산에 산불이 났을 때 뜻밖에 불타 죽은 어미닭의 품속에 있던 병아리들이 고스란히 살아 있었다는 예화를 들어 모성애는 사람뿐만 아니라 동물까지도 헌신적임을 보여주고 있다. 화자가 어머니의 추도일에 눈물을 흘리며 쓴 사모곡思母曲이다. 독자의 관심을 끌 만한 예화를 많이 소개하여 맛깔스런 상차림이 되었다. 독자의 공감을 자아내기에 충분한 수필이다.

> 은사님! 저희들의 큰절을 받으세요. 오늘은 저희들이 난산초등학교를 졸업한 지 61주년이 되는 해입니다. 지난 3·1독립운동 91주년 기념일을 맞아 독립유공자로 건국포장과 대통령 포상을 받으신 이석규 은사님께 축하와 함께 만수무강을 기원하는 제자들의 큰절이었다.
>
> – <은사님께 올린 큰절> 중에서

칠순을 넘긴 제자들이 초등학교 때 은사가 뒤늦게 독립유공자로 선정되어 건국포장을 받게 되자 축하잔치를 마련하고 큰절을 올리며 만수무강을 비는 흐뭇한 상황을 묘사한 글이다. 85세인 노 스승은 이들을 졸업시킨 뒤에도 수십 년 동안 교단에서 많은 제자들을 가르쳤을 텐데 유독 고희를 넘긴 난산초등학교 화자의 동창들만이 스승의 영광을 축하하고 있다. 독자들은 이 작품을 읽으면서 음식점에서 이들이 합창하는 스승의 노래를 이명耳鳴처럼 떠올릴 것이다. 동심으로 돌아간 칠순 동창들의 스승 사랑이 감동스럽다. 화자는 노래도 잘 부른다. 노래에 관심이 많다 보니 그 분야에도 박학다식하다.

> 나는 현인의 히트곡 <베사메무쵸>를 즐겨 부른다. 이 노래를 할 때마다 박수가 쏟아져 나온다. 나만 보면 <베사메무

죠>를 불러보라고 성화다. 결국 <베시메무죠>는 나의 노래요, 애창곡이 되었다. 또한 나의 별명이 되기도 했다.

<베사메무쵸>는 멕시코의 여류 작곡가이며 가수인 콘수엘로 벨라스케스Consuelo Velazquez가 24세 때 작곡한 노래인데 스페인 사람들의 정열에 불타는 사랑의 노래다. <베사메무쵸>는 스페인 언어로 Kiss me much 즉 '키스를 퍼부어주세요', '뜨겁게 사랑해 주세요'라는 의미가 들어 있는 말이다.

– <베사메무쵸, 내가 즐겨 부르는 노래> 중에서

화자의 형제들은 좋은 목소리를 물려받아서 노래를 잘 부를 뿐 아니라 하모니카, 아코디언, 기타 등 웬만한 악기를 다룰 줄 안다고 자랑한다. 더구나 막내 동생이 테너 가수라니 음악 가족이 분명하다.

湖心 서상옥, 그는 알고 있을 것이다. 칸트가 74세 때 최고의 철학서를 출간했으며, 미켈란젤로는 87세 때 위대한 〈천지창조〉를 완성했고, 버나드 쇼는 69세 때 노벨문학상을 수상했다는 사실을 ……. 湖心 서상옥은 칸트와 비슷한 나이에 수필집을 출간하게 된 것이다.

화자는 음악이나 문학에만 조예가 깊은 게 아니다. 영화에도 일가견을 갖추고 있는 팔방미인이다.

다시 보고 싶은 영화는 오드리 헵번과 그레고리 펙이 주연한 <로마의 휴일>이다. 세상 물정을 모르고 천방지축 뛰어다니는 소국의 공주 역할을 맡은 오드리 헵번은 이 영화를 통해 아카데미 여우주연상을 수상하고 일약 최고의 스타가 되었다. 그레고리 펙과 로마를 구경하며 돌아다니는 장면에서 헵번은 특유의 아름다움을 과시하였다. 청순하면서도 가련하지 않는 외유내강형의 이미지를 보여준 헵번이다.

(중략)

"어린이 한 명을 구하는 것은 축복입니다. 어린이 백만 명을 구하는 것은 신이 주신 기회입니다."

아프리카 소말리아에서 봉사활동을 벌여 인류의 연인으로 기억되는 영화배우 오드리 헵번의 말이다. 온갖 영예를 안고 은막에서 은퇴한 후, 유니세프 친선대사로 에티오피아, 방글라데시, 베트남, 등 기아에 허덕이는 아프리카 어린이들을 돕는 데 자신을 바치고, 그것을 인생의 목적으로 삼았다.

– <엘리자베스 테일러와 오드리 헵번> 중에서

오드리 헵번은 외모만 예쁜 게 아니라 아름다운 영혼을 지닌 여인이었다. 여덟 번이나 결혼을 했다는 엘리자베스 테일러와는 너무도 다른 삶을 살았던 여배우다. 오드리 헵번은 아프리카에서 봉사를 하다가 63세 때 장암으로 세상을 떠나고 말았다. 그녀는 은막의 천사였다. 그녀가 죽기 1년 전 아들에게 남겨주었다는 이야기는 지금도 우리의 가슴을 울린다.

아름다운 입술을 갖고 싶으면 친절한 말을 하라. 사랑스런 눈을 갖고 싶으면 사람들에게서 좋은 점을 보아라. 날씬한 몸매를 갖고 싶으면 너의 음식을 배고픈 사람과 나누어라. 아름다운 자세를 갖고 싶으면 너 자신이 혼자 걷고 있지 않음을 명심해서 걸어라. 사람들은 상처로부터 복구되어야 하며 무지함으로부터 교화되어야 한다. 모든 사람은 고통으로부터 구원

받아야 하고, 결코 누구도 버려서는 안 된다. 네가 나이 들어 손이 두 개라는 것을 발견하게 되면 한 손은 너 자신을 돕는 손이고, 또 다른 한 손은 다른 사람을 돕는 손이 되어야 한다.

– <엘리자베스 테일러와 오드리 헵번> 중에서

은막의 여왕 오드리 헵번이 아들에게 들려주었다는 이 가르침은 이 땅의 모든 부모들이 자기 자녀들에게 들려주어야 할 금과옥조 같은 명언이 아닐 수 없다. 오드리 헵번은 단순한 미모의 영화배우가 아니라 성자聖者 같은 여인이었다.

알렉산더 스미스는 이렇게 이야기를 한 적이 있다.

"수필을 쓰는 사람은 천하가 다 아는 바람둥이다. 무슨 일이고 못할 게 없다. 민감한 귀와 눈, 흔히 있는 사물에서 무한한 암시를 식별하는 능력, 생각에 잠기는 명상적인 기질, 이 모든 것만 있으면, 수필가로서 수필 쓰는 일을 시작할 수 있다."

수필가를 꿈꾸는 이들이나 수필을 쓰는 사람들이라면 곰곰 음미해 볼 말이려니 싶다. 오감五感을 잘 활용할 줄 알아야 좋은 수필을 쓸 수 있다는 것은 지극히 당연한 상식이 아니던가?

湖心 서상옥, 그는 동서고금의 이야기를 수필의 예화로 활용하기를 즐긴다. 버려진 이야깃거리도 그가 수필로 가공하면 감동적인 수필로 탄생한다. 신문기사도 그의 눈에 잡히면 수필이 된다.

나는 오늘 아침 신문에 대서특필로 소개된 '얼굴 없는 천사' 기사를 읽었다. 전주시 노송동자치센터에 전해온 이웃돕기성금 이야기다. 어머니의 유지를 받들어 불우한 이웃을 도와달라면서 돼지저금통과 함께 팔천만 원이 넘는 거액을 보내준 '얼굴 없는 천사'에 관한 기사다. 10년 전부터 매년 수백만 원에서 수천만 원을 어려운 이웃에게 써달라며 소리 없이 선행을 베풀어 온 '얼굴 없는 천사'의 미담이 화제다.

– <전주에는 얼굴 없는 천사가 있다> 중에서

해마다 연말이면 전북의 방송이나 신문은 이 '얼굴 없는 천사'의 선행을 기다린다. 벌써 10년 동안이나 해마다 연말이면 '얼굴 없는 천사'가 나타나 많은 이웃돕기 성금을 몰래 내놓았기 때문이다. 달동네 독거노인이나 어려운 이웃들에게 연탄 몇 장 배달해주고 신문에 대문짝만 하게 사진을 내는 불우이웃돕기만을 보았던 전북도민들에겐 신선한 충격이요 감동적인 미담이 아닐 수 없다.

이 '얼굴 없는 천사'의 미담이 보도되면서 이와 유사한 미담들이 늘어나고 있다. 전주는 그야말로 '얼굴 없는 천사들'이 사는 천사의 도시로 탈바꿈하고 있다. 수필 소재 찾기에 목마른 화자가 어찌 이 미담을 외면할 것인가?

신문을 사흘 안 보면 바보가 되지만 3년을 안 보면 도인이 된다는 이가 있지만, 湖心 서상옥에게는 어울리지 않는 말이다. 그는 신문에서도 늘 수필 소재를 찾아야 하기 때문이다.

湖心 서상옥, 그는 수필 소재를 찾아다닐 뿐 아니라 아예 수필감을 만들어내기도 한다.

주말농장은 그가 만든 수필농장이다. 고향에 만든 주말농장에서 화자는 땀을 흘리며 과채를 가꾸고 그 과채를 친지들과 나누어 먹으면서 행복을 느낀다. 땀 흘리며 농사를 지으시던 부모를 회상하는 것은 주말농장이 그에게 준 특별보너스다.

나는 매일 식탁에 오르는 야채부터 신선한 것을 취해야겠다는 생각이 들었다. 내 농장에서 내 손으로 가꾸는 채소야말로 정이 묻어나는 신선한 야채다. 다정한 이웃과 친우들에게 나누어주고 싶은 식품이다.

"친환경 무공해 식품을 마음껏 먹지 않을래요? 우리 주말농장에서는 여러분을 기다리고 있답니다."

상추, 쑥갓, 아욱들이 너풀대며 어서 오라고 푸른 마음을 마음껏 뿌리면서 손짓을 하고 있다. 오랫동안 기다리던 단비가 내렸다. 내 정성을 쏟아 가꾸어 온 농장에는 가지와 고추, 토마토가 주렁주렁 매달려 약한 지주가 넘어지기도 했다. 무성하게 자란 잡초를 어깨가 아프도록 뽑아내고, 과채류가 좋은 열매를 맺도록 곁순을 따주기도 했다. 소리 없이 길게 자란 가지는 주인을 기다리고 있는 것 같다. 빨갛게 익어가는 방울토마토가 볼수록 사랑스럽다.

– <즐겨 찾는 주말농장> 중에서

湖心 서상옥은 서희 장군의 후예이다. 고려 초기 외교가요 무장이던 서희 장군은 거란군의 침입을 외교 담판으로 물리친 지장智將이었다. 따라서 그 후손들은 가문에 대한 자긍심이 유난히 높다.

집안의 종손인 화자는 가까운 산에 가족묘지를 만들어 공원처럼 꾸며놓았다. 그리고 광양 선산에 모셨던 고조부와 증조부 내외분을 그 가족묘지로 이장했다.

새벽잠을 설친 채 멀리 백운산 선산을 찾았다. 다소 예상은 했으나 평장에 가까운 묘를 상당히 깊이 파헤쳐도 큰 유골은 삭아 없고 하얀 나무토막 같은 유골 몇 개만 남아 흙과 함께 한지에 싸서 모셔왔다. 참으로 허망하였다. 인생의 허무를 다시 한 번 뼈저리게 느꼈다.

— <흙에서 나와 흙으로 가는 인생> 중에서

오래된 조상의 묘소를 파헤쳐 보니 시신이 삭아버린 사실을 발견한 화자는 흙으로 빚은 인간이 죽으면 다시 흙으로 돌아간다는 이치를 깨닫게 된다는 줄거리다. 조상들을 이장하면서 화자는 인간이 거쳐야 할 생로병사生老病死의 의미를 다시 음미해 보게 된다.

하바드대학교 코프렌드 교수는 이렇게 이야기했다.

"수필가는 구경꾼이며, 방랑자요, 빈들거리는 게으름뱅이요, 가장 좋은 의미에서의 '세계시민'이어야 한다."

수필가는 구경꾼이어야 한다는 지적은 그럴 듯하다. 많이 돌아다니면서 견문을 넓혀야 하니 말이다.

湖心 서상옥은 행촌수필문학회의 일원으로 속리산 법주사로 문학기행을 다녀와서도 어김없이 한 편의 수필을 빚었다. 카메라맨이 아름다운 경치를 보면 셔터를 누르듯 수필가도 수필감이 눈에 잡히면 기어코 수필로 빚는다. 그래야 직성이 풀린다.

법주사로 들어가는 입구에 수령 600여 년의 소나무가 마치 커다란 우산을 펼쳐놓은 듯 하늘을 가리고 서 있다. 일찍이 조선 세조대왕이 1464년 법주사로 행차할 때 세조대왕이 탄연輦이 그 소나무에 걸릴까 염려해서 '연 걸린다.'라고 소리치자 소나무 가지가 번쩍 들려 무사히 통과했다고 한다. 그리하여 세조가 그 소나무에게 정2품 벼슬을 내렸다고 전해온다. 그래서 연송 또는 연걸이 나무라고도 한다.

– <정2품 노송의 아픈 팔> 중에서

환락과 쾌락의 도시 폼페이가 화산폭발로 사라졌지만 그 폐허로 변한 유적을 둘러보면서 화자는 관광객들이 몰려들어 황금 밭으로 변하고 있다고 희망의 삯을 건져 올린다. 폼페이는 멸망했다 해도 결코 영원히 죽지 않고 살아 숨쉬는 것 같다고 진단한다.

湖心 서상옥은 여행을 좋아하는 작가다. 서유럽 6개국뿐만 아니라 뉴질랜드, 동남아, 캐나다, 미국 등 세계 곳곳을 둘러보면서 수필을 빚어 독자들에게 눈으로 해외여행을 할 수 있는 기쁨과 즐거움을 선사하고 있다.

폼페이의 최후는 참으로 비참했었다.

(중략)

비옥한 캄파니아평야의 관문에 해당하여 농업과 상업의 중심지로 번창한 도시였으며, 제정 로마 초기에는 곳곳에 로마 귀족들의 별장이 들어선 화려한 휴양지로서 성황을 이루었다고 한다. 서기 79년 8월 24일 베수비오화산 폭발로 한순간에 멸망했던 폼페이의 유적들이 19세기에 발굴되었다. 드러난 유적들은 고대 그리스의 생활상을 생생하게 재현하고 있다.

– <폼페이는 아직도 숨쉬고 있다> 중에서

3. 수필가 서상옥이 가야할 길

우리 선인들은, 생동하는 봄에는 시문詩文을 읽었고, 한가한 여름에는 사서史書를 읽었으며, 가을에는 철학서哲學書를 읽었고, 겨울에는 경서經書를 읽었다고 한다. 따라서 문학을 하는 사람이라면 그런 꾸준한 독서로 마음을 살찌우고서 창작에 임해야 하지 않을까.

湖心 서상옥은 다른 이에 비해 늦깎이로 등단한 시인이자 수필가이니만큼 초심으로 돌아가 젊은이 못지않은 열정으로 창작활동에 정진하라고 권하고 싶다. 몇 개 분야에 등단을 했느냐가 중요한 게 아니라 얼마나 심도 있는 작품을 남기느냐에 초점을 맞추기 바란다.

시와 수필로 짠 서상옥 문학의 그물망에 독자들의 사랑이 가득 담겨지기를 바란다.

湖心 서상옥 두 번째 수필집
그림보다 의미 있는 이야기

인 쇄 2011년 5월 11일
발 행 2011년 5월 16일

지은이 서 상 옥

펴낸이 서 정 환
펴낸곳 신아출판사

출판등록 1984년 8월 17일 제28호
주 소 전주시 완산구 태평동 251-30
전 화 (063) 275-4000, 252-5633
팩 스 (063) 274-3131
E-mail sina321@hanmail.net

값 12,000원

ISBN 978-89-5925-852-9 03810

※ 이 책은 전라북도 문예진흥기금을 지원받아 발간하였습니다.